W0083330

SCHWARZBUCH

AFD

Inhalt

1. Einleitung: Wir finden, es reicht langsam.

Von Markus Grill

Donald Trump und die AfD haben zumindest eine Gemeinsamkeit: Die Lust an der gezielten Provokation. Trump hat, bevor er Präsident wurde, seinen Wahlkampf damit bestritten, Dinge zu behaupten, die die liberale Öffentlichkeit regelmäßig in Wallung brachte: Dass Mexikaner Vergewaltiger seien. Dass Folter nützlich sei. Dass der Klimawandel ein Hirngespinst und Hillary Clinton bei ihren Fernsehdebatten gedopt gewesen sei. Dank dieses Verbalradikalismus war er ständig in den Medien und musste kaum Geld für klassische Wahlwerbung ausgeben. Hierzulande sucht die Alternative für Deutschland (AfD) auf ähnliche Weise ihren Erfolg. Das verrät beispielhaft eine interne Email, die AfD-Vorstandsmitglied Beatrix von Storch an Albrecht Glaser schreibt und die correctiv.org vorliegt. Glaser ist jener AfD-Politiker, der im Februar 2017 für das Amt des Bundespräsidenten kandidiert. Ein Jahr zuvor, am 18. Februar 2016 um 16:05 Uhr, schreibt von Storch an ihn:

„Die Presse wird sich auf unsere Ablehnung des politischen Islam stürzen wie auf kein zweites Thema des Programms (...) Daher müssen wir das Thema Islam mit einem Knall öffentlich machen! Wenn wir das – noch dazu in unverbindlicher Fragemanier – vorweg nehmen, machen wir einen kommunikativen Fehler und berauben uns umfangreicher Berichterstattung."

Wie Recht sie hat, zeigt sich drei Monate später. Die AfD verkündet auf ihrem Stuttgarter Parteitag im Mai 2016 ihren Anti-Islam-Kurs. Die Strategie geht auf: Zeitungen und Fernsehsender springen empört auf das Thema an und berichten ausführlich

Email von Beatrix von Storch

Von: BeatrixvonStorch@gmx.de
Gesendet: Donnerstag, 18. Februar 2016 16:05
An: Glaser Albrecht
Betreff: Programmprozess

Lieber Albrecht,

(...) Andererseits ist der Islam das brisanteste Thema des Programms überhaupt (Außenkommunikation!). Die Presse wird sich auf unsere Ablehnung des politischen Islams stürzen wie auf kein zweites Thema des Programms (Asyl und Euro sind verbraucht, bringen nichts neues, das Wirtschaftsliberale wird uns als Thema verweigert, weil es dem Medienwunsch, uns als Rechtspopulisten darzustellen, entgegenläuft). Daher müssen wir das Thema Islam mit einem Knall öffentlich machen! Wenn wir das – noch dazu in unverbindlicher Frage-manier – vorweg nehmen, machen wir einen kommunikativen Fehler und berauben uns umfangreicher Berichterstattung. (...)

Mir war wichtig, diese Punkte einmal zu verschriftlichen. Ich erwarte keine Antwort, sondern würde mich freuen, wenn wir alles weitere im Gespräch klären.

Herzliche Grüße
Beatrix

darüber, dass die AfD Minarette, den Muezzin-Ruf und jegliche Vollverschleierung verbieten will.

Nach Ansicht des Soziologen Wilhelm Heitmeyer verfolgen Rechtspopulisten im Umgang mit den Medien einen Plan. Heitmeyer sagt, Parteien wie die AfD suchen „Provokationsgewinne". Er meint damit: „Die populistischen Mobilisierungsexperten achten sorgsam darauf, dass nicht ‚mehr vom Gleichen' geboten wird. Denn darauf reagieren die Medien in der Regel nicht mehr. Stattdessen wird eine zunehmende sprachliche Aggression geboten, die später – von welchen Akteuren auch immer – eingelöst werden muss, um nicht als ‚Maulhelden' dazustehen."

Wir bei correctiv.org finden, es reicht langsam.

Es reicht, dass die Medien fortwährend über das Stöckchen springen, das die AfD ihnen hinhält.
Wir wollen selbst bestimmen, was wir über die AfD berichten und wann wir berichten. Deshalb dieses „Schwarzbuch AfD". Es beschreibt Dinge, die die AfD lieber nicht über sich lesen will: Die Verbindungen einiger ihrer Protagonisten ins rechtsradikale Milieu, die dubiose Finanzierung der Partei, die unsozialen Punkte ihres Parteiprogramms wie die Abschaffung der Arbeitsagentur, die Intrigen ihrer Führungsfiguren.
Noch zehrt die Partei vom Image ihrer Gründer: von ein paar verschrobenen, aber harmlosen Wirtschaftsprofessoren, die den Euro abschaffen und die D-Mark wieder haben wollen. Für diese Gründer steht in den Augen vieler auch noch Professor Dr. Jörg Meuthen, der im Stuttgarter Landtag sitzt und neben Frauke Petry einer der beiden Bundesvorsitzenden der AfD ist.

Aber diese Harmlosigkeit trügt. Auch Meuthen (parteiintern „Teddybär" genannt) dreht immer schneller nach ganz rechts ab und zeigt erstaunlich viel Verständnis für den Thüringer AfD-Chef Björn Höcke, der auch rechtsextreme Wähler anzieht.

Als Höcke am 17. Januar 2017 in Dresden seine berüchtigte Rede zur Erinnerungskultur hielt, empörten sich alle, dass er das Holocaust-Mahnmal in Berlin als „Denkmal der Schande" bezeichnete.

Viel mehr als dieses Zitat ist aber kaum bekannt. Dabei lohnt es sich, die Dresdner Rede ganz zu hören. Denn sie zeigt, dass die Bemerkung über das „Denkmal der Schande" keine Übertreibung war, bei der ihm der Gaul durchgegangen ist, wie Höcke später glauben machen will. Sondern die Rede zeigt das ganze demokratie-verachtende Denken des Vorsitzenden der AfD-Fraktion im Landtag von Thüringen. Höcke sagte unter dem tosenden Beifall seiner überwiegend jungen Anhänger:

„Die alten Kräfte, also die Altparteien, auch die Gewerkschaften, vor allen Dingen auch die Amtskirchen und die immer schneller wachsende Sozialindustrie, die an dieser perversen Politik auch noch prächtig verdient; diese alten Kräfte, die ich gerade genannt habe, sie lösen unser liebes deutsches Vaterland auf wie ein Stück Seife unter einem lauwarmen Wasserstrahl. Aber wir, liebe Freunde, wir Patrioten werden diesen Wasserstrahl jetzt zudrehen, wir werden uns unser Deutschland Stück für Stück zurückholen."

Höcke nannte die gewählten Politiker des Landes an diesem Abend „erbärmliche Apparatschiks", die Regierung Merkel ein „Regime", gestützt nur noch von angeblich „verbrauchten Alteliten". Höckes Reden, so schreibt Historiker Götz Aly, „beinhalten Angebote an jene Rechtsradikalen, die Flüchtlingsheime anstecken und offen zur Gewalt aufrufen".

Dabei vertritt Höcke weit mehr als nur eine kleine Minderheit innerhalb der AfD. Der brandenburgische AfD-Chef Alexander Gauland sagte über Höckes Dresdner Rede: „Er hat nichts gesagt, wofür er sich schämen müsste", und auch AfD-Bundesvorsitzender Meuthen bezeichnete Höcke und dessen Anhänger als „integralen Bestandteil der Partei". Seine innerparteilichen Gegner haben nach der Dresdner Rede zwar Höckes Parteiaustritt gefordert. Er aber gibt sich gelassen. In einem Interview mit dem „Spiegel" sagte er: „Die Juristen, die mich beraten, sagen mir: Der Versuch, mich auszuschließen, ist chancenlos."

Allein diese Rede und die Reaktionen darauf zeigen das wahre Gesicht der „Alternative für Deutschland". Sie hat sich längst von einer harmlosen Professorenpartei zu einer rechtsradikalen Sammlungsbewegung verändert, die keine Scheu vor einem Ausfransen in den Rechtsextremismus hat (man lese dazu nur die Kapitel über Höcke, Poggenburg, Frohnmaier, über Pegida, die Reichsbürger und die Identitären in diesem Buch).

Das „Schwarzbuch AfD" soll Lesern die Augen öffnen, die hinter die biedere Fassade dieser Partei blicken wollen. Es soll gerade in diesem Wahljahr 2017 auch jedem klar machen, wie gefährlich die „Alternative für Deutschland" tatsächlich ist, gerade auch für Arbeitnehmerinnen und Arbeitnehmer.

Ihre rückwärtsgewandte Politik und die Verklärung früherer Zeiten bedrohen nicht nur unseren Wohlstand, sondern markieren auch eine Abkehr von der liberalen Demokratie und den Werten des Westens, mit denen Deutschland seit 1945 so erstaunlich gut gefahren ist.

Leserinnen und Lesern dieses „Schwarzbuchs" wird klar, in welche Richtung sich unser Land verändern wird, sollten Vertreter dieser Partei tatsächlich einmal an die Regierung kommen und ihre kaum verhüllten rassistischen, antisemitischen und rechtsradikalen Vorstellungen in die Tat umsetzen.

2. Kapitel: Die Geschichte der AfD

Von Marcus Bensmann

Bis zum Jahr 2010 hat in der Euro-Zone der Grundsatz gegolten: Jeder Staat steht für seine Schulden selbst ein. Doch dann gerät die Lage in Griechenland außer Kontrolle. Das Land kann seine Kredite nicht mehr bedienen. Die Regierung in Athen bittet den Internationalen Währungsfond (IWF) um Unterstützung. Doch der lehnt ab – und verweist auf die EU.
Die EU-Kommission und Kanzlerin Merkel sind sich einig: Griechenland darf nicht bankrottgehen. Das würde die EU zerreißen und die Finanzmärkte weltweit ins Chaos stürzen. Wie im Jahr 2008. Damals ließ die amerikanische Regierung zu, dass die Bank Lehman Brothers Pleite ging. Weltweit schrumpfte die Wirtschaft, viele Menschen wurden arbeitslos. Was würde passieren, wenn mit Griechenland ein ganzer Staat zahlungsunfähig würde? Der Schock von 2008 muss Merkel noch in den Knochen sitzen, als sie sagt: Die Rettung Griechenlands ist „alternativlos". Es ist auch dieses Wort, das zur Gründung einer neuen Partei anstachelt.

Die neoliberalen Professoren

Bernd Lucke ist Professor für Volkswirtschaft in Hamburg. Seit langem kämpft er für eine neoliberale Politik. 2005 organisiert er den „Hamburger Appell". Hunderte Wirtschaftswissenschaftler unterschreiben ihn. In der Erklärung heißt es: „Die unangenehme Wahrheit" bestehe darin, dass man die Arbeitslosigkeit nur bekämpfen kann, indem man die Löhne senkt – und zwar die Löhne „der ohnehin schon Geringverdienenden". Oder, wenn man das nicht will, könnten die Geringverdiener auch länger arbeiten, weniger Urlaub machen oder eine „höhere Leistungsbereitschaft" zeigen. Der Staat solle sein Geld nicht für Sozialleistungen ausgeben, sondern Niedriglöhne bezuschussen. 2010 begründet Bernd Lucke das „Plenum der Ökonomen", einen losen Zusammenschluss von Wirtschaftsprofessoren. Sie fordern eine neue Politik im Angesicht der Schuldenkrise: Der Euro-Rettungsschirm dürfe nicht erweitert werden. Staaten sollten mit ihren Gläubigern eine Restrukturierung ihrer Schulden vereinbaren. Wenn das nicht reiche, müsse es die Möglichkeit einer Staatsinsolvenz geben.

Bernd Lucke beginnt, im Verein „Wahlalternative 2013" Mitstreiter zu sammeln für eine neue Partei. Darunter: der ehemalige FAZ-Journalist Konrad Adam, die Unternehmerin Frauke Petry, der Verleger Alexander Gauland. Am bekanntesten ist der Ex-Manager Hans-Olaf Henkel. Er war Chef von IBM Europa, hat lange den Bundesverband der Deutschen Industrie (BDI) geleitet und tingelt nun durch Talkshows.

Die Parteigründung

Am 14. April 2013 treffen sich im Berliner Intercontinental Hotel mehr als 1500 Menschen, um die „Alternative für Deutschland" offiziell zu gründen, ihr ein Programm, eine Satzung, eine Führung zu geben. Vor allem Männer sind gekommen.

Die beiden Kernthemen der AfD: Kritik am Euro, Kritik an der EU. Die übrigen Themen, so will es Lucke, kommen dann später hinzu. Lucke sagt: „Lassen Sie uns ein Programm beschließen und danach darüber diskutieren." Er wettert, die Demokratie sei gar keine Demokratie mehr. Die Bundestagsabgeordneten könnten nicht frei entscheiden. „Die Bundesregierung setzt die Abgeordneten mit einer angeblich alternativlosen Politik unter Druck", ruft Lucke in den Saal.

Dieses Thema bestimmt bis heute die Politik der AfD. Die Regierung sei abgehoben. Sie habe den Kontakt zum Volk verloren. Sie verrate die Interessen der Deutschen. Die Demokratie sei „degeneriert".

Ein halbes Jahr später sagt Bernd Lucke sogar, Parlament und Demokratie in Deutschland seien „entartet". Die Nationalsozialisten verwendeten das Wort, um Künstler und Schriftsteller zu brandmarken, deren Werke nicht ihrer Ideologie entsprachen.

Das Dreigestirn

Der Parteitag in Berlin wählt drei Vorsitzende an die Spitze der AfD: Bernd Lucke, die Unternehmerin Frauke Petry und Konrad Adam, den ehemaligen Journalisten.

Frauke Petry ist ein Glücksfall für Lucke. Sie verpasst dem angegrauten, von Männern dominierten Anti-Euro-Club ein frisches Gesicht. Petry gilt als Powerfrau: Sie hat ein Unternehmen gegründet, das einen neuartigen Kunststoff vertreibt. Und vier Kinder hat sie auch noch. Was zu diesem Zeitpunkt kaum jemand weiß: Petrys Firma steht kurz vor dem Konkurs, ihre Ehe ist gescheitert. Diese Umstände, so wird sich später herausstellen, befeuern ihren Ehrgeiz, in der AfD Karriere zu machen. Die neue Partei wächst schnell. Im April 2013, bei ihrer Gründung, hat sie rund 5000 Mitglieder. Schon wenige Wochen später sind es doppelt so viele.

Erste Erfolge

Bei der Bundestagswahl im September 2013 erhält die AfD aus dem Stand heraus 4,7 Prozent der Stimmen. Sie scheitert nur knapp an der Fünf-Prozent-Hürde. Ein beachtlicher Erfolg.

Kurze Geschichte der AfD

2005 Bernd Lucke organisiert den "Hamburger Appell": Darin fordern hunderte Wirtschaftswissenschaftler, dass Gewerkschaften sich in Lohnzurückhaltung üben sollen.

2010 Bernd Lucke und weiter Wirtschaftsprofessoren schließen sich in einem "Plenum der Ökonomen" zusammen und fordern, die Abschaffung des Euros.

2013 Bernd Lucke sammelt im Verein "Wahlalternative 2013" Mitstreiter, darunter Konrad Adam (Ex-FAZ), Frauke Petry (Unternehmerin aus Sachsen), Alexander Gauland (Ex-CDU) und Hans Olaf Henkel, ehemaliger BDI-Chef.

14. April 2013 Gründung der "Alternative für Deutschland" im Berliner Hotel Intercontinental. Wahl einer Parteispitze: Lucke, Petry, Adam.

September 2013 Bundestagswahl: AfD erreicht 4,7 Prozent der Stimmen.

März 2014 Europawahl: AfD erreicht 7,1 Prozent der Stimmen.

Sommer 2014: AfD-Erfolge bei Landtagswahlen Sachsen (9,7%), Brandenburg (12,2%), Thüringen (10,6%).

Juli 2015: AfD-Parteitag in Essen. Kampfkandidatur zwischen Lucke und Petry um Spitzenposition. Lucke (38%) unterliegt, Petry bekommt knapp 60%. Zweiter Sprecher wird Jörg Meuthen. Lucke und Henkel ziehen sich zurück und gründen neue Partei unter dem Namen Alpha.

Frühjahr 2016. AfD-Erfolge bei Landtagswahlen in Sachsen-Anhalt (24,2%), Baden-Württemberg (15,1%) und Rheinland-Pfalz (12,6%)

September 2016: AfD-Erfolge bei Landtagswahlen in Mecklenburg-Vorpommern (20,8%) und Berlin (14%).

Anfang 2017 hat die Partei 20.000 Mitglieder.

Als nächstes steht die Wahl zum Europaparlament an. Auch bei der AfD beginnt nun das Gezerre um die besten Listenplätze. Bernd Lucke kann sich weitgehend durchsetzen. Seine Getreuen erhalten aussichtsreiche Platzierungen.

Aber es gibt zwei Ausreißer: Beatrix von Storch, die betont religiöse Adlige aus Berlin. Und Marcus Pretzell, den Chef der AfD in Nordrhein-Westfalen. Pretzell grenzt sich scharf von Bernd Lucke und Hans-Olaf Henkel ab. Er sagt, die AfD sei keine zweite FDP. Es reiche nicht, nur über den Euro zu reden. Dreimal verliert Marcus Pretzell gegen Vertraute von Bernd Lucke. Erst im vierten Anlauf schafft er es gerade so auf Listenplatz sieben.

Im Mai 2014 ist es soweit: Die Bürger Europas wählen ihr Parlament. Die AfD erhält 7,1 Prozent der Stimmen. Sie schafft auf Anhieb den Einzug ins Brüsseler Parlament – und gewinnt sieben Sitze.

Eine heimliche Liebe

Pretzell gilt vielen als Hoffnungsträger. Ein eloquenter, smarter Rebell. Im März 2014 wird er als Beisitzer in den Bundesvorstand gewählt. Noch im gleichen Monat wird er vom Bundesvorstand abgemahnt: Pretzell ist gemeinsam mit dem UKIP-Vorsitzenden Nigel Farage aufgetreten, ohne sich das genehmigen zu lassen. Der englische Politiker ist einer der Wortführer des Brexit, mit fremdenfeindlichen Parolen versucht er, Großbritannien aus der EU zu manövrieren. Hans-Olaf Henkel schäumt und fordert den Rausschmiss Pretzells aus dem Parteivorstand. Pretzell schießt zurück: Henkel mache mehr Urlaub als im Parlament zu sitzen. Henkels Vorwurf: Pretzell steche Interna aus Sitzungen durch. So lange boykottiert Henkel die Vorstandssitzungen, bis

Marcus Pretzell im November 2014 aus dem Führungsgremium ausscheidet.

Dann kommt heraus, dass Pretzell finanzielle Probleme hat. Er war Immobilienentwickler, nun drücken ihn Steuerschulden. Im Januar 2015 wird deshalb kurzzeitig ein Konto der AfD gepfändet. Wieder toben Bernd Lucke und Hans-Olaf Henkel. Lucke gibt ein Gutachten über Pretzell in Auftrag. Darin werden ihm privat „chaotische Zustände" attestiert. Im April 2015 tritt Hans-Olaf Henkel aus dem Bundesvorstand zurück. Er sagt damals, dass er schockiert sei, dass die Partei Menschen anziehe, die beruflich gescheitert seien und sich über ein politisches Mandat finanziell sanieren wollten. Im Wortlaut: „Wenn Pleitiers für die AfD durch die Lande ziehen, um dem Mittelstand zu sagen, wo es langgehen soll, hört bei mir die Geduld auf."

Was niemand ahnt: Hinter den Kulissen haben sich Marcus Pretzell und Frauke Petry nicht nur politisch angenähert. Beide haben vier Kinder, bei beiden ist die Ehe gescheitert. Nun werden sie – zunächst heimlich – ein Paar. Oder, in den Worten von Marcus Pretzell: „In der Opposition gegen Bernd Lucke haben wir uns dann die Bälle zugespielt – und bamm. Ich fand Frauke immer attraktiver. Sie hat so etwas dämonenhaft Schönes. Ich habe eine Schwäche für intelligente Frauen. Das finde ich sexy."

So sagt er es im März 2016 der „Bunten"

Grabenkämpfe und Intrigen

Im März 2014 besetzt Russlands Präsident Wladimir Putin die ukrainische Halbinsel Krim. Die EU verhängt Sanktionen gegen Russland. Bis auf Pretzell unterstützen die AfD-Abgeordneten die Sanktionen. Russland müsse Einhalt geboten werden. Doch ein AfD-Parteitagsbeschluss vom März 2014 hatte das Gegenteil gefordert: „In dieser instabilen Lage ist es von größter Bedeutung, keine Sanktionen zu verhängen."

Im Frühjahr 2014 formiert sich der Widerstand. Putin hat viele Freunde in der AfD. Alexander Gauland gehört dazu, einst CDU-Staatssekretär in Hessen, dann lange Verleger der „Märkischen Allgemeinen" in Potsdam, nun AfD-Chef in Brandenburg. Und ein gewisser Wolfgang Gedeon aus Baden-Württemberg. Auf dem Europa-Parteitag fordert er eine Aussöhnung mit Russland und bringt einen Antrag ein: Die AfD solle dafür eintreten, die Sanktionen der EU gegen Russland aufzuheben.

Im Europa-Wahlprogramm der AfD findet sich 2014 noch ein Bekenntnis zum Recht auf Asyl. „Die AfD tritt für ein offenes und ausländerfreundliches Deutschland ein", steht dort zum Beispiel. Heute steht im Programm: Die AfD will die Gefahr „sozialer und religiöser Unruhen sowie eines schleichenden Erlöschens der europäischen Kulturen abwenden". Damals setzen Lucke und Henkel in der Wirtschaftspolitik ihre marktradikalen Positionen durch. Der Mindestlohn wird abgelehnt. Inzwischen wird er befürwortet.

Im Sommer 2014 zieht die AfD in drei ostdeutsche Landesparlamente ein. In Sachsen erhält sie 9,7 Prozent der Stimmen, in Brandenburg 12,2 Prozent, in Thüringen 10,6 Prozent. Geleitet werden diese Landesverbände von Frauke Petry, Alexander Gauland und Björn Höcke. Schlagartig wächst ihr Einfluss in der Partei. Höcke geriert sich am Wahlabend in Erfurt, als spreche ein von deutschen Tugenden beseelter Retter zu seinem Volk. Die AfD habe einen „vollständigen Sieg" errungen, sagt er, eine „neue Epoche der Parteiengeschichte" habe begonnen, weil die AfD „unser gesamtes Vaterland in eine bessere Zukunft" führen wird.

Hans-Olaf Henkel ist entsetzt. Später gibt er zu Protokoll: „Oh Gott, dachte ich damals, der Kerl redet ja wie Joseph Goebbels."

Wie hältst du's mit Pegida?

Nach den Wahlsiegen der AfD in den ostdeutschen Bundesländern spitzt sich der Konflikt innerhalb der Partei zu. Es gibt persönliche Feindschaften, wie die zwischen Henkel und Pretzell. Vor allem aber geht es um die Frage, wie die AfD zu Pegida steht. Seit Oktober 2014 versammeln sich jeden Montag tausende Menschen in Dresden. Unter dem Banner der „Rettung des Abendlandes" machen die Demonstranten Stimmung gegen eine vermeintliche Islamisierung Deutschlands, gegen Zuwanderung und „Überfremdung". Klassische Medien werden von den Pegida-Anhängern als „Lügenpresse" diffamiert. Mit dem Begriff hantierte bereits NS-Propagandaminister Joseph Goebbels.
Lucke und Henkel wollen mit den Pegida-Krakeelern nichts zu schaffen haben. Doch einige der ostdeutschen AfD-Größen suchen die Nähe zu der fremdenfeindlichen Straßenbewegung. Die Spannungen in der Partei wachsen von Woche zu Woche.

Der Angriff, die Spaltung

Der Angriff auf Parteigründer Bernd Lucke kommt schließlich aus Thüringen. Im März 2015 initiiert Björn Höcke die „Erfurter Resolution". Darin fordert er: Die AfD soll eine „Widerstandsbewegung gegen die weitere Aushöhlung der Souveränität und der Identität Deutschlands" sein. Die Partei solle eintreten gegen die Gleichmacherei von Mann und Frau. Gegen den Multikulturalismus – also die Idee, dass sich jeder Mensch gemäß seiner Kultur verhalten darf, ohne Anpassung an eine Leitkultur.

Und Höcke kritisiert auch, dass die AfD-Führung auf Distanz gegangen ist zu Pegida, „obwohl sich tausende AfD-Mitglieder als Mitdemonstranten oder Sympathisanten an diesen Aufbrüchen beteiligen".

Neben Höcke gehören Alexander Gauland aus Brandenburg und André Poggenburg aus Sachsen-Anhalt zu den Erstunterzeichnern der Resolution. Ab jetzt gibt es einen völkischen Flügel in der AfD, er nennt sich auch so: Der Flügel. Seither veranstaltet der Flügel jedes Jahr im Sommer eine Kundgebung am Kyffhäuserdenkmal in Thüringen. Laut einer alten Sage schläft dort in einer Höhle Kaiser Friedrich I., genannt Barbarossa. Eines Tages werde er erwachen und das Deutsche Reich zu alter Herrlichkeit führen.

Henkel und Lucke wehren sich. Erst mit ihrer „Deutschland-Resolution", in der steht: „Wir brauchen weder Flügelkämpfe noch wolkige Phrasen aus dem Arsenal rechter Splitterparteien." Und dann gründen sie den Weckruf, einen Verein, der verhindern will, dass aus der AfD „eine radikale, sektiererische Partei von Wutbürgern" wird.

Frauke Petry wirft Lucke daraufhin vor, die Partei zu spalten. Im Juli 2015 kommt es zum Showdown auf dem Parteitag in Essen und damit bei jenem Landesverband, in dem Petrys heimlicher Lebensgefährte Pretzell den Ton angibt.

Zuvor ist in Bremen der Beschluss gefasst worden, dass nur noch zwei statt drei Vorsitzende die Partei führen sollen. Als dann Bernd Lucke gegen Frauke Petry um den ersten Spitzenplatz kandidiert, kommt der Professor nur auf 38 Prozent der Stimmen. Frauke Petry erhält knapp 60 Prozent.

Der König ist gestürzt. Frauke Petry übernimmt das Zepter.

In Essen beginnt auch der kurze Aufstieg eines weiteren Wirtschaftsprofessors: Jörg Meuthen aus Baden-Württemberg. Auf den Vorschlag des Petry-Lagers wird Meuthen zweiter Bundesvorsitzender. Er ist nur zweite Wahl und kommt erst zum Zug, als der eigentliche Wunschkandidat abgewunken hat.

Der Essener Parteitag führt zur Spaltung der AfD. Bernd Lucke, Hans-Olaf Henkel und ihre Anhänger gründen eine eigene Partei mit dem Namen Alfa, die Allianz für Fortschritt und Aufbruch. Von den knapp 20.000 AfD-Mitgliedern folgen Lucke rund 1500 in die neue Partei. Auch fünf der sieben Europaabgeordneten kehren der AfD den Rücken. Nur Beatrix von Storch und Marcus Pretzell bleiben. Die Spaltung hinterlässt Narben: In Meinungsumfragen stürzt die AfD ab.

Hans-Olaf Henkel wird danach nicht müde zu betonen, wie entsetzt er sei. Die AfD sei zu einer „NPD light" geworden. Und: „Es macht mir Kummer, dass ich mitgeholfen habe, ein richtiges Monster zu erschaffen", sagt Henkel im November 2015 im WDR.

Die Flüchtlingskrise

Im Sommer 2015 kommen in großer Zahl Flüchtlinge nach Deutschland. Die Frage, wie mit ihnen umzugehen ist, gibt der AfD neuen Auftrieb. Hunderttausende Menschen aus Syrien, Afghanistan und dem Irak setzen in Schlauchbooten von der türkischen Küste nach Griechenland über. Von dort aus versuchen viele, Deutschland zu erreichen. Auf der „Balkanroute" braut sich eine humanitäre Katastrophe zusammen.

Bundeskanzlerin Angela Merkel entscheidet im September 2015, die in Ungarn gestrandeten Flüchtlinge nach Deutschland zu lassen. Ein halbes Jahr später handelt die EU mit der Türkei aus, dass sie Flüchtlinge bereits am Übersetzen auf die griechischen Inseln hindert. Die Balkanroute ist dicht. Von dort kommen keine Asylbewerber mehr nach Europa. Wie umgehen mit den Hunderttausenden, die schon da sind?

Viele Deutsche wollen den Flüchtlingen helfen. Vereine und Kirchen unterstützen die Entscheidung der Bundeskanzlerin. Viele sprechen von einer „Willkommenskultur". Andere lehnen eine massenhafte Aufnahme von Flüchtlingen strikt ab. Die Frage, wie mit der Krise umzugehen ist, spaltet das Land.

Die AfD greift das Thema geschickt auf und wird zum Wortführer all jener, bei denen die Zuwanderung tief sitzende Ängste weckt. Frauke Petry und Beatrix von Storch betonen, dass die deutschen Grenzen um jeden Preis verteidigt werden müssten – und weisen darauf hin, dass dazu notfalls auch Schusswaffen gegen Flüchtlinge eingesetzt werden müssten. Alexander Gauland bezeichnet später die Flüchtlingskrise als ein „Geschenk", das die AfD gerettet habe.

Durchmarsch bei den Landtagswahlen

Die Flüchtlingskrise und die Übergriffe von Ausländern auf Frauen in der Silvesternacht in Köln bescheren der AfD Traumergebnisse bei den Landtagswahlen im Frühjahr 2016. Im März erhält sie in Sachsen-Anhalt mit 24,3 Prozent das bisher beste Ergebnis auf Landesebene. In Baden-Württemberg kommt die AfD auf 15,1 Prozent und in Rheinland-Pfalz auf 12,6 Prozent.

Anfang Mai beschließt ein Mitgliederparteitag in Stuttgart erstmals ein Bundesprogramm. Auffällig ist die strikte Ablehnung des Islam. Anträge zum Austritt aus der NATO, zu einem kompletten Stopp jeglicher Einwanderung und für ein rigoroses Abtreibungsverbot verfehlen nur knapp die Mehrheit.

Die Affäre Gedeon

Der Wahlerfolg in Baden-Württemberg beschert auch dem Arzt Wolfgang Gedeon einen Sitz im Landtag. Er ist durch die prorussische Ukraine-Resolution vor der Europawahl 2014 aufgefallen. Und er hat ausgiebig publiziert. Darunter den Wälzer „Der grüne Kommunismus und die Diktatur der Minderheiten". Der Klappentext fasst zusammen, was darin verhandelt wird: „In der grünen Ideologie geht es vordergründig um Öko-Probleme, im Wesentlichen aber um radikalen Feminismus, um Sex- und Schwulenkult und um Minderheiten- und Migranten-Lobbyismus. Die aggressive Umsetzung gerade des Letzteren verletzt dabei zunehmend die Rechte der Mehrheitsbevölkerung."

Im Sommer 2016 kommen weitere Thesen Gedeons ans Licht. Er hat Holocaustleugner mit chinesischen Regimekritikern verglichen und nennt das Judentum den „inneren Feind" des Christentums. Für Jörg Meuthen, Fraktionschef in Stuttgart, ist das zu viel. Die AfD müsse sich gegen Antisemitismus, Extremismus und Fremdenfeindlichkeit „glaubhaft" abgrenzen, erklärt er und stellt ein Ultimatum: Entweder wirft die Fraktion Wolfgang Gedeon raus oder er, Meuthen, werde gehen.

Doch Frauke Petry grätscht dem Wirtschaftsprofessor in die Parade und sagt, man könne Gedeon nicht so einfach vor die Tür setzen. Erst müsse ein Gutachten zu den Schriften Gedeons erstellt werden. Jörg Meuthen verschiebt sein Ultimatum. Namhafte Experten lehnen jedoch ab, ein solches Gutachten zu erstellen. Meuthen verliert die Geduld – und verlässt am 5. Juli 2016 zusammen mit zwölf Kollegen die AfD-Fraktion. Erneut geht Frauke Petry dazwischen. Sie reist nach Stuttgart. Meuthen kocht und will der „Parteifreundin" den Zugang ins Parlament verwehren.

Frauke Petry erreicht, dass Wolfgang Gedeon freiwillig die Fraktion verlässt. Meuthen erhält den Fraktionsvorsitz zurück.

Doch das Verhältnis zu Frauke Petry ist zerrüttet. Er verlässt den Landesvorsitz der AfD Baden-Württemberg und verzichtet auf eine Spitzenkandidatur für die Bundestagswahl 2017. Zudem wird Petrys damaliger Sprecher Markus Frohnmaier Beisitzer des Landesvorstands Baden-Württemberg.

Nach Bernd Lucke ist Jörg Meuthen der zweite Wirtschaftsprofessor, den Frauke Petry kaltgestellt hat. Meuthen hilft es am Ende nicht mal, sich mit dem völkischen Flügel um Björn Höcke verbunden zu haben. Im Sommer 2016 pilgerte Meuthen sogar zu dessen Kyffhäusertreffen und beschwor dabei ihr gemeinsames Wertesystem.

Weder die fortwährenden Machtkämpfe in der AfD, noch die Antisemitismus-Affäre in Stuttgart schaden der Partei zunächst. Bei den Landtagswahlen im September 2016 wird die AfD in Mecklenburg-Vorpommern mit 20,8 Prozent zweitstärkste Partei. In Berlin erzielt sie mit 14,2 Prozent ebenfalls ein starkes Ergebnis.

Die Grabenkämpfe in der AfD gehen unterdessen weiter, zuletzt befeuert durch Björn Höckes „Denkmal der Schande"-Rede im Januar 2017. Nach einigem Hin und Her entscheidet der Parteivorstand, ein Ausschlussverfahren gegen Höcke einzuleiten – gegen die Stimmen von Alexander Gauland, Jörg Meuthen und André Poggenburg. Bei Redaktionsschluss (März 2017) war offen, welche Seite sich durchsetzt.

3. Kapitel: Das Programm der AfD

Von Marcus Bensmann

Im Mai 2016 verabschiedete die AfD in Stuttgart ihr Grundsatz-programm. Wer es genau liest, dem wird klar: Die Rechtspopu-listen wollen Deutschland umkrempeln.

Arbeitslosenversicherung

> *„Die AfD will die Bundesagentur für Arbeit auflösen und ihre Aufgaben vor allem auf kommunale Jobcenter übertragen. Danach gibt es nur noch einen öffentlichen Dienstleister am Arbeitsmarkt: das kommunale Jobcenter. Das entspricht einer flächendeckenden Ausdehnung des bereits praktizierten ‚Optionsmodells' bei Leistungen nach dem SGB II."*
>
> **Programm für Deutschland, Das Grundsatzprogramm der Alternative für Deutschland, vom 01.05.2016, Seite 36**

Geht es nach dem AfD-Grundsatzprogramm, dann wird die Bundesagentur für Arbeit aufgelöst. Deren Aufgaben sollen dann „vor allem auf kommunale Jobcenter" verteilt werden.

Experten aus den Gewerkschaften und aus dem Arbeitgeberla-ger sind sich einig: Eine Auflösung der Arbeitsagentur bedeutet das Ende der Arbeitslosenversicherung in ihrer jetzigen Form. Wer heute seinen Job verliert, bekommt bis zu zwölf Monate lang Arbeitslosengeld I in Höhe von 67 Prozent seines letzten Nettogehalts. Für Arbeitslose ohne Kinder sind es 60 Prozent. Für Personen ab 50 Jahren gelten besondere Regeln. Anschließend bekommen Arbeitslose Hartz IV. Ein Erwachse-ner bis zu 409 Euro pro Monat, dazu ein Mietzuschuss und Leistungen für Kinder. Der grundsätzliche Unterschied zwischen Arbeitslosengeld I und Hartz IV: Letzteres wird nur gezahlt, wenn der Arbeitslose bedürftig ist. Verdienen zum Beispiel der Partner oder die eigenen, im Haushalt lebenden Kinder genug, werden die Leistungen gekürzt – oder es gibt gar nichts.

„Wer die Bundesagentur für Arbeit auflöst, beendet damit auch die bisherige Arbeitslosenversicherung", sagt Johannes Jakob, Arbeitsmarktexperte beim Deutschen Gewerkschaftsbund. Die AfD gebe vor, „sich um die kleinen Leute zu kümmern, in Wirklichkeit schwächt sie ihre Rechte".

Auch für den Leiter des von der Post-Stiftung finanzierten Forschungsinstituts zur Zukunft der Arbeit (IZA), Hilmar Schneider, ist die Konsequenz aus der AfD-Forderung eindeutig: Das Ende der Arbeitslosenversicherung. „Völlig unklar bleibt, ob es die bisherigen Ansprüche auf Arbeitslosenunterstützung dann überhaupt noch geben soll", sagt Schneider. Zumal im AfD-Programm nicht stehe, dass eine andere Bundesbehörde die Verwaltung der Arbeitslosenversicherung übernehmen solle.

Um zu verstehen, was die AfD mit der Arbeitslosenversicherung vorhat, lohnt ein Blick in den Entwurf des Grundsatzprogramms. An dem dann noch Änderungen vorgenommen wurden. Darin ist die Abschaffung der beitragsfinanzierten Arbeitslosenversicherung klarer formuliert: „Wir wollen das Arbeitslosengeld I privatisieren", hieß es im Entwurf des AfD-Programms. Die Bundesagentur für Arbeit solle aufgelöst werden, deren Aufgaben so verteilt werden:

> Die Jobcenter übernehmen die Arbeitsvermittlung.
> Die Rententräger übernehmen das Kurzarbeitergeld.
> Die Kommunalverwaltung erteilt die Arbeitserlaubnis.
> Die AOK übernimmt das Insolvenzgeld.
> Das Arbeitslosengeld I wird privatisiert.

AfD-Grundsatzprogramm:
Arbeitslosenversicherung abschaffen

„Die AfD will die Bundesagentur für Arbeit auflösen und ihre Aufgaben vor allem auf kommunale Jobcenter übertragen."

Quelle: Grundsatzprogramm der AfD vom 1.5.2016, Seite 51

Arbeitsagentur:

- Arbeitslose erhalten maximal 12 Monate lang Arbeitslosengeld I

- Arbeitslose ab 50: maximal 15 Monate

- Arbeitslose mit Kindern: 67% des letzten Nettolohns

- Arbeitslose ohne Kinder: 60% des letzten Nettolohns

Jobcenter:

Wer nach 12 Monaten immer noch arbeitslos ist bekommt Arbeitslosengeld II vom Jobcenter, besser bekannt als „Hartz IV". Diese Unterstützung bekommen aber nur solche Arbeitslosen, die bedürftig sind, d.h. die keinen Ehepartner, der normal verdient.

Wenn die AfD nun die Arbeitsagentur „abschaffen" will, droht Arbeitslosen, nur noch Leistungen auf Sozialhilfe-Niveau vom Jobcenter zu bekommen (Hartz IV).

Diese Aufgabenverteilung fehlt im später verabschiedeten Grundsatzprogramm.

Privatisieren der Arbeitslosenversicherung bedeutet: Bisher wird der Beitrag zur Arbeitslosenversicherung je zur Hälfte vom Arbeitnehmer und vom Arbeitgeber gezahlt. Bei einer Privatisierung wären die Arbeitgeber aus dem Schneider. Die Lohnnebenkosten würden für sie sinken – was seit Langem eine Arbeitgeber-Forderung ist.

Aber es gibt einen Haken: „Private Arbeitslosenversicherungen funktionieren nicht", sagt IZA-Chef Schneider. Ohne Versicherungszwang würden überwiegend jene einzahlen, die damit rechnen, arbeitslos zu werden. Entweder wären dann die Versicherungsbeiträge so hoch, dass sie sich kein normaler Arbeiternehmer leisten könnte, „oder die Versicherung wäre nach kurzer Zeit pleite". Daraus folgt: Wer die beitragsfinanzierte Arbeitslosenpflichtversicherung privatisiert, schafft das soziale Netz für den Fall des Jobverlustes ab.

Bei der Verabschiedung ihres Grundsatzprogramms hat die AfD die schärfsten Formulierungen gestrichen. Die Forderung nach einer Auflösung der Bundesagentur für Arbeit blieb aber bestehen.

Die AfD in Nordrhein-Westfalen fordert allerdings in ihrem Wahlprogramm, dass die Auszahlung des Arbeitslosengeldes I ab einer Beschäftigungsdauer von zehn Jahren sogar verlängert wird.

AfD-Bundeschefin Frauke Petry bestreitet in einer E-Mail an CORRECTIV die Deutung, die AfD wolle Arbeitslose gleich von Anfang an in Hartz IV drängen. „Die AfD plant nicht, die beitragsfinanzierte Arbeitslosenversicherung abzuschaffen", teilt Petry mit.

Damit widerspricht Petry all jenen Experten, die sagen: Wer die Bundesagentur für Arbeit abschaffen will, schafft auch die

Arbeitslosenversicherung ab. Petry löst diesen Widerspruch nicht auf.

Fazit

Jede Wählergruppe kann an dieser Stelle das aus dem Programm herauslesen, was ihr gefällt. Die Arbeitgeber freuen sich über die Abschaffung der beitragsfinanzierten Arbeitslosenversicherung. Die Arbeitnehmer könnten das AfD-Programm aus Nordrhein-Westfalen heranziehen – und sich über die Verlängerung des Arbeitslosengeldes I freuen.

Mindestlohn

„Der gesetzliche Mindestlohn ist mit dem Wesen der Sozialen Marktwirtschaft eng verbunden. Er korrigiert im Bereich der Entlohnung die Position der Niedriglohnempfänger als schwache Marktteilnehmer gegenüber den Interessen der Arbeitgeber als vergleichsweise starke Marktteilnehmer. Er schützt sie auch vor dem durch die derzeitige Massenmigration zu erwartenden Lohndruck. Insbesondere erlaubt der Mindestlohn eine Existenz jenseits der Armutsgrenze und die Finanzierung einer, wenn auch bescheidenen, Altersversorgung, die ansonsten im Wege staatlicher Unterstützung von der Gesellschaft zu tragen wäre. Mindestlöhne verhindern somit die Privatisierung von Gewinnen bei gleichzeitiger Sozialisierung der Kosten. Die Alternative für Deutschland befürwortet es daher, den gesetzlichen Mindestlohn beizubehalten.“

Programm für Deutschland, Das Grundsatzprogramm der Alternative für Deutschland, vom 01.05.2016, Seite 36

In Sachen Mindestlohn positioniert sich die AfD scheinbar eindeutig dafür. Aber die Klarheit trügt. Der starke neoliberale Flügel in der AfD ist nach wie vor gegen den Mindestlohn.

Im Wahlprogramm der AfD in Berlin wird der Mindestlohn abgelehnt. Dort heißt es:
„Wir wollen (...) keine Lohnfestsetzungen durch den Staat in der privaten Wirtschaft."

AfD-Vize Beatrix von Storch, zugleich Vorsitzende der AfD in Berlin, konnte und wollte diesen Widerspruch nicht auflösen, als sie darauf in einer Talkshow angesprochen wurde. Erst wich sie mehrfach der Frage aus. Dann begründete sie ihre Gegnerschaft zum Mindestlohn mit dem Flüchtlingszuzug. Ein Großteil der Flüchtlinge suche eher dort Arbeit, sagte von Storch, wo niedrige Löhne gezahlt würden, und daher stünde sie einem Mindestlohn skeptisch gegenüber.
Wobei im Bundesprogramm ebenfalls mit dem Flüchtlingszuzug argumentiert wird – für den Mindestlohn. Der solle in jedem Fall gezahlt werden, um Lohndumping zu verhindern.

Fazit

Die Zusage der AfD, den Mindestlohn beizubehalten, ist bis in den Vorstand der Partei umstritten.

Steuern

„Wir wollen Deutschland reformieren. Das geht nicht ohne eine umfassende Reform des Steuerrechts. Wir treten für ein einfache-

res und gerechteres Steuersystem ein, das mit niedrigen Steuern vor allem Mittel- und Geringverdiener finanziell entlastet.“

Programm für Deutschland, Das Grundsatzprogramm der Alternative für Deutschland, vom 01.05.2016, Seite 73

In Sachen Steuerpolitik nimmt sich die AfD viel vor: Sie will A Steuern senken. B die Staatsausgaben reduzieren und weniger Schulden machen. C Wohlhabende entlasten. Alles auf einmal.

A. Steuerentlastung

Die Erzieherin und die Arzthelferin, der Fabrikarbeiter und der Verkäufer – sie vor allem sollen angeblich von der Steuerpolitik der AfD profitieren. Familien, deren Einkommen zwischen 1800 und 3000 Euro liegt, brutto, pro Monat. Das sind die konkreten Vorschläge im Bundesprogramm:

„Wir wollen einen geänderten Einkommensteuertarif mit wenigen Stufen und einen deutlich höheren Grundfreibetrag.“

„Das (Familiensplitting) hat zur Folge, dass die Summe der erzielten Einkünfte aller Familienmitglieder durch die Zahl der Familienmitglieder geteilt wird. Die jeweiligen Teilbeträge werden dann einzeln versteuert. Die Summe der so ermittelten Teilbeträge ergibt die Gesamtsteuerschuld.“

Nehmen wir als Beispiel einen KFZ-Mechaniker. Er hat einen monatlichen Bruttoverdienst von 2800 Euro und entspricht dem Ideal der AfD: Seine Frau kümmert sich um die drei Kinder, er ist der Ernährer. Unter den jetzigen Bedingungen zahlt er monatlich rund 160 Euro an Steuern. Angenommen, die AfD hätte das Sagen, würde dank ihrer Reformen die Steuerlast der

Familie gen Null gehen. Sie würde im Jahr rund 1920 Euro Steuern sparen. Genug für einen Sommerurlaub.

Zweites Beispiel: Eine Familie mit drei Kindern, er ist Anwalt und hat ein monatliches Einkommen von 20.000 Euro brutto. Die Familie könnte dank des neuen AfD-Familiensplittings – bei dem das Gesamteinkommen durch Zahl der Familienmitglieder geteilt wird – in einem Monat so viel Steuern sparen wie die erste Familie in drei Jahren.

Diese Analyse bestätigt Katja Rietzler, Steuerexpertin bei der DGB-nahen Hans-Böckler-Stiftung: Von den Steuerplänen der AfD würden fast ausschließlich die Wohlhabenden profitieren. Denn: Geringverdiener mit Kindern zahlen schon heute kaum Steuern. Eine Steuerentlastung bringt ihnen weniger.

B. Staatsausgaben und Schulden

Die AfD will zudem die Ausgaben des Staates zurückfahren. Das klingt im Bundesprogramm so:

„Wir wollen die staatliche Macht über den Bürger begrenzen. Dazu ist es erforderlich, die Staatsaufgaben zu reduzieren und den finanziellen Staatszugriff auf die Einkommen und Vermögen der Bürger zu reduzieren. Die AfD will die Bürger nicht stärker mit Steuern und Abgaben belasten."

Auch in Sachen Schulden ist die AfD im Bundesprogramm ehrgeizig:

„Die AfD strebt die Rückkehr zu ausgeglichenen Staatshaushalten an. Sie befürwortet die schrittweise Rückführung der ausgeuferten öffentlichen Verschuldung."

AfD-Grundsatzprogramm:
Steuern

„Wir treten für ein einfacheres und gerechteres Steuersystem ein, das mit niedrigen Steuern vor allem Mittel- und
Geringverdiener finanziell entlastet."

Quelle: Programm für Deutschland, Das Grundsatzprogramm der Alternative
für Deutschland, vom 01.05.2016, Seite 73

1. Erbschaftssteuern:
   Die AfD will sie laut ihrem Grundsatzprogramm abschaffen.

   Im Jahr 2015 nahm der Staat durch die Erbschaftssteuer
   6,3 Milliarden Euro ein.

   Diese Einnahmen würden wegfallen.

2. Gesamteinkünfte
   sollen durch die Zahl der Familienmitglieder geteilt
   werden, die Teilbeträge einzeln versteuert. Die Steuern
   auf die einzelnen Beträge werden addiert.

   Wie wirkt sich das aus? Beispiel: Ein Ehepaar mit drei
   Kindern.

   Alleinverdiener mit 2.800 Euro Bruttogehalt/Monat.
   Steuern bisher: ca. 150 Euro/Monat.
   Nach AfD-Plan versteuert jedes Familienmitglied 560
   Euro. Steuern künftig: 0 Euro.

   Alleinverdiener mit 20.000 Euro Bruttogehalt pro Monat.
   Steuern bisher: 7000 Euro/Monat.
   Nach AfD-Plan versteuert jedes Familienmitglied 4000
   Euro. Steuern künftig: 2000 Euro/Monat insgesamt. Steue-
   rersparnis pro Monat: ca. 5000 Euro.

Fazit:
Spitzenverdiener profitieren am meisten von AfD-Steuerreform.

Wer Steuern senkt, aber keine Neuverschuldung will, muss sparen. Doch wo die AfD den Rotstift ansetzen will, sagt sie nicht. Lediglich bei den Ausgaben für Flüchtlinge scheint die Partei sparen zu wollen. Es vergeht kaum eine Rede, in der AfD-Politiker nicht über die Kosten für Asylbewerber klagen. Steuergelder werden „in weiten Teilen für die Versorgung der sogenannten Flüchtlinge eingesetzt", sagt AfD-Chef Jörg Meuthen am 23. Februar 2017, „und es ist logisch dass man das Geld nur einmal ausgeben kann".

Gleichzeitig fordert die AfD Mehrausgaben beim Militär, bei der Bildung und bei der inneren Sicherheit. Und sagt erneut nicht, wie sie das gegenfinanzieren will.

C. Entlastung der oberen Einkommen

Geht es nach der AfD, dann wird den Vermögenden in Sachen Steuern künftig deutlich weniger auf die Finger geschaut.

„Der Bürger darf nicht zum gläsernen Untertan werden. Datenaustauschprogramme wie FATCA und Swift dürfen nicht zur Überwachung der Bürger missbraucht werden. Zudem wird durch den Austausch von Steuerdaten das Steuergeheimnis ausgehöhlt."

FACTA ist die Abkürzung für Foreign Account Tax Compliance Act und verpflichtet Banken außerhalb der USA, bei Verdacht auf Steuerhinterziehung Kundeninformationen herauszugeben. Swift ist eine Genossenschaft in Belgien, die den internationalen Zahlungsverkehr regelt. Jede in einer Bank getätigte Geldüberweisung geht über Swift. 2006 wird bekannt, dass die US-Behörden über Swift getätigte Überweisungen überwachen, um so Terroristen auf die Spur zu kommen.

Bei FACTA und Swift stehen also zwei Interessen gegeneinander: Die Privatsphäre der Bürger versus Steuergerechtigkeit und Steuerehrlichkeit.

Außerdem fordert die AfD die „Wiederherstellung des Bank- und Steuergeheimnisses".

Damit ist gemeint: Ein Ankauf von Steuersünder-CDs durch Finanzbehörden wäre genauso tabu wie eine engmaschige Kontrolle von Geldflüssen in die Steueroasen dieser Welt. Für Steuerhinterzieher brächen goldene Zeiten an.

Randnotiz: Bei anderen Straftaten ist der AfD die Privatsphäre weniger wichtig. Im Kapitel über Innere Sicherheit fordert die Partei, dass für „Täter kein Datenschutz" gelten solle.

Noch etwas dürfte Großverdiener freuen:
„Die AfD will die derzeit zur Erhebung ausgesetzte Vermögensteuer und die Erbschaftsteuer abschaffen."

Nach einer Studie des Deutschen Instituts für Wirtschaftsforschung, kurz DIW, besitzt ein Prozent der deutschen Bevölkerung 32 Prozent des gesamten inländischen Vermögens. Selbst bei einem Freibetrag von einer Millionen Euro könnte eine moderate Vermögenssteuer ein Steueraufkommen von 19 Milliarden erwirtschaften.

Auch in der Erbschaftssteuer sehen viele ein wichtiges Instrument, um soziale Gerechtigkeit zu befördern. Wer wohlhabende Eltern hat, genießt ohnehin exzellente Startbedingungen – da wäre es nur gerecht, wenn die Eltern einen Teil ihres Vermögens, das sie auch dem perfekten Funktionieren des Staates verdanken, an die Allgemeinheit zurückgeben.

Es geht hier um gewaltige Summen. Das DIW hat ermittelt, dass in Deutschland jedes Jahr 200 bis 300 Milliarden Euro vererbt werden. 2015 nahm der Staat 6,29 Milliarden Euro über die Erbschaftssteuer ein. Auf dieses Geld möchte die AfD ganz verzichten.

Fazit

Die AfD will wohlhabende Bürger entlasten. Familien mit niedrigen und mittleren Einkommen nützen die Pläne kaum etwas. Hinzu kommt, dass die öffentliche Hand weniger Geld ausgeben kann für Schwimmbäder und Straßen, Erzieherinnen und Sozialarbeiter.

Familienbild

„Die zunehmende Übernahme der Erziehungsaufgabe durch staatliche Institutionen wie Krippen und Ganztagsschulen, die Umsetzung des ‚Gender-Mainstreaming'-Projekts und die generelle Betonung der Individualität untergraben die Familie als wertegebende gesellschaftliche Grundeinheit."
Programm für Deutschland, Das Grundsatzprogramm der Alternative für Deutschland, vom 01.05.2016, Seite 41

Die AfD, so schreibt sie in ihrem Programm, „bekennt sich zur traditionellen Familie als Leitbild". Der Vater arbeitet, die Mutter hütet die hoffentlich zahlreichen Kinder.

Auch über die Rolle der Frauen macht sich die AfD Gedanken: *„Ein falsch verstandener Feminismus schätzt einseitig Frauen im Erwerbsleben, nicht aber Frauen, die ‚nur' Mutter und Hausfrau sind."*

Die Variante, dass der Mann zuhause bleibt und die Kinder versorgt, wird nicht erwähnt.
Zentraler Wunsch der AfD im Bundesprogramm: Dass wieder mehr deutsche Kinder geboren werden.
„Die Geburtenrate in Deutschland liegt mit einem relativ konstanten Wert von 1,4 seit über vierzig Jahren weit unter dem bestanderhaltenden Niveau. Jede fünfte Frau bleibt heute kinderlos, unter Akademikerinnen war es 2012 sogar jede dritte. Familien mit mehr als zwei Kindern finden sich überwiegend in sozial schwächeren Schichten, während in der Mittelschicht das Geburteneintrittsalter der Frauen immer weiter steigt und die Anzahl kinderreicher Familien sinkt."

Und weiter:
„Den demografischen Fehlentwicklungen in Deutschland muss entgegengewirkt werden. Die volkswirtschaftlich nicht tragfähige und konfliktträchtige Masseneinwanderung ist dafür kein geeignetes Mittel. Vielmehr muss mittels einer aktivierenden Familienpolitik eine höhere Geburtenrate der einheimischen Bevölkerung als mittel- und langfristig einzig tragfähige Lösung erreicht werden."

Frauen zurück an den Herd, damit sie mehr Zeit haben für ihre zahlreichen Kinder? Etliche Wissenschaftler haben gezeigt, dass gerade jene Länder, die ein dichtes Netz staatlich geförderter Krippen, Kitas und Ganztagsschulen haben, eine höhere Geburtenrate haben. Länder, in denen Mütter berufstätig sein können und wissen, dass ihr Kind in dieser Zeit gut betreut wird.

Eine Studie des wirtschaftsnahen IFO-Instituts in München gibt Aufschluss. Bis zur Jahrtausendwende rangiert Deutschland bei der Kitabetreuung auf den hinteren Plätzen in Europa. Danach wird der Krippen- und Kitaausbau massiv gefördert. Einige Landkreise in Deutschland sind dabei langsamer und andere schneller.

„Wir konnten dadurch bis auf die Landkreise hinab untersuchen, wie die Bereitschaft wuchs, Kinder zu gebären, wenn genügend Kita- und Krippenplätze vorhanden sind", sagt Professor Helmut Rainer, der Autor der Studie. „Wir konnten einen direkten kausalen Zusammenhang zwischen ausreichenden Kitaplätzen und Geburtenraten nachweisen." Mit anderen Worten: Wenn Frauen wissen, dass sie auch als Mütter ihren Beruf ausüben und ihre Karriere fortsetzen können, steigt ihre Bereitschaft, ein oder mehrere Kinder zu bekommen.

Transferleistungen, wie die Erhöhung des Kindergeldes oder Steuerentlastungen, so Rainer, würden die Geburtenrate dagegen kaum beeinflussen.

Fazit

Die AfD propagiert ein traditionelles Rollenverständnis. Das Bild der Hausfrau und Mutter soll aufgewertet werden, die

Geburtenrate soll ansteigen, Kinder sollen wieder vermehrt zuhause, nicht in Kitas oder Krippen betreut werden. Aber: Die wenigsten Frauen wollen sich heute ausschließlich auf ihre Mutterrolle beschränken. Weshalb Länder mit einem gut ausgebauten staatlichen Betreuungssystem höhere Geburtenraten haben als Deutschland.

Abtreibung

„Die Alternative für Deutschland setzt sich für eine Willkommenskultur für Neu- und Ungeborene ein. In Deutschland kommen auf rund 700.000 Lebendgeburten pro Jahr ca. 100.000 Schwangerschaftsabbrüche. Dabei liegt nur bei drei bis vier Prozent eine medizinische oder kriminologische Indikation vor, in allen anderen Fallen wird der Schwangeren nach einer Beratung eine Bescheinigung ausgestellt, die ihr eine straffreie Abtreibung aus „sozialen Gründen" ermöglicht."
Programm für Deutschland, Das Grundsatzprogramm der Alternative für Deutschland, vom 01.05.2016, Seite 44

Die AfD will das ändern. Sie fordert:
„Dass bei der Schwangerenkonfliktberatung das vorrangige Ziel der Beratung der Schutz des ungeborenen Lebens ist. Werdenden Eltern und alleinstehenden Frauen in Not müssen finanzielle und andere Hilfen vor und nach der Entbindung angeboten werden, damit sie sich für ihr Kind entscheiden können. Adoptionsverfahren sind in diesem Zusammenhang zu vereinfachen. Die AfD wendet sich gegen alle Versuche, Abtreibungen zu bagatellisieren, staatlicherseits zu fördern oder sie gar zu einem Menschenrecht zu erklären."

Das heißt: „Soziale Gründe", die eine Frau dazu bringen könnten, ein Kind nicht auszutragen, werden als nebensächlich angesehen. Die Beratungsgespräche sollen nicht der Frau helfen, sondern die Abtreibung verhindern.

Auf dem Programmparteitag in Stuttgart wittern die radikalen Abtreibungsgegner in der Partei Morgenluft. Die Junge Alternative stellt dort den Antrag, dass künftig nicht mehr aus sozialen Gründen abgetrieben werden darf. Es gebe in Deutschland zu viele „Lifestyle-Abtreibungen", sagt einer der Aktivisten.

Der Antrag scheitert. Erhält aber mehr als 30 Prozent Zustimmung.

Die AfD sei die einzige Partei in Deutschland, in der der „Lebensschutz" eine „ so große Unterstützung" genieße, kommentiert AfD-Vize Beatrix von Storch das knappe Abstimmungsergebnis. Sie ist sichtlich stolz darauf. Und kündigt an, den Kampf gegen Abtreibungen weiter voranzutreiben.

Fazit

Das Abtreibungsrecht ist das Ergebnis jahrzehntelanger Debatten. In den 1960er Jahren ist dessen Liberalisierung eine zentrale Forderung der Frauenbewegung. In Westdeutschland sind Abtreibungen unter bestimmten Umständen ab 1974 straffrei, in der DDR ab 1972. 1995 wird im Bundestag das bis heue gültige Abtreibungsrecht beschlossen. Demnach bleiben Abtreibungen innerhalb der ersten zwölf Schwangerschaftswochen straffrei, wenn die Frau sich zuvor einer Beratung unterzogen hat.

Rechte Christen um Beatrix von Storch wollen diese Reform wieder rückgängig machen. Unterstützung finden sie beim völkischen Flügel der AfD und den Aktivisten der Jungen Alternative. Im Parteiprogramm steht diese Forderung jedoch nicht.

Alleinerziehende

> *„Wir wenden uns entschieden gegen Versuche von Organisationen, Medien und Politik, Einelternfamilien als fortschrittlichen oder gar erstrebenswerten Lebensentwurf zu propagieren."*
>
> **Programm für Deutschland, Das Grundsatzprogramm der Alternative für Deutschland, vom 01.05.2016, Seite 44**

Stimmt es, dass „Einelternfamilien" in der heutigen Gesellschaft als ein erstrebenswerter Lebensentwurf propagiert werden? Inwieweit befördern Journalisten oder Politiker dieses Lebensmodell? Gibt es das – Alleinerziehen aus Zeitgeistgründen?

Der Blick auf Alleinerziehende hat sich in den vergangenen 40 Jahren verändert. Uneheliche Kinder gelten nicht mehr als Schande. Alleinerziehende Mütter müssen sich nicht mehr schämen, werden nicht mehr stigmatisiert oder als bedauernswerte Außenseiter behandelt. Ihr Lebensentwurf, ob selbst gewählt oder nicht, ist Normalität, im Freundeskreis und in der Nachbarschaft. Wobei zig Studien gezeigt haben, dass alleinerziehende Mütter besonders gefährdet sind, in Armut abzurutschen. Im Entwurf des AfD-Parteiprogramms hieß es noch: Die Partei lehne „eine staatliche Finanzierung des selbstgewählten Lebensmodells ‚Alleinerziehend'" ab. Wobei es eine solche staatliche Finanzierung gar nicht gibt. Heute kann ein Alleinerziehender lediglich in die Steuerklasse II wechseln. Bei einem Brutto-einkommen von 2.000 Euro monatlich bedeutet das für einen berufstätigen Alleinerziehenden eine steuerliche Entlastung von knapp 50 Euro im Monat. Das entspricht etwa dem monatlichen Beitrag für das Essensgeld in einer Kita.

Der Zusatz mit der „staatlichen Finanzierung" fehlt im später verabschiedeten Programm. Dort macht die AfD eine Kehrt-wende und fordert, die „finanziellen Belastungen" für Alleiner-ziehende zu senken. Also ihnen steuerlich entgegen zu kommen.

Fazit

Eine Partei, die die Gründe bewertet, warum eine Mutter oder ein Vater sein Kind alleinerzieht, mischt sich in den privatesten Bereich ein.

Alleinerziehende hat es immer gegeben. Alle anderen Parteien akzeptieren dies und schaffen Bedingungen, damit Alleiner-ziehende Beruf und Kindererziehung unter einen Hut bringen können.

Asyl und Einwanderung

„Die überkommene Politik der großzügigen Asylgewährung im Wissen um massenhaften Missbrauch führt nicht nur zu einer rasanten, unaufhaltsamen Besiedelung Europas, insbesondere Deutschlands, durch Menschen aus anderen Kulturen und Welt-teilen. Sie ist auch für den Tod vieler Menschen auf dem Mittelmeer verantwortlich."

Programm für Deutschland, Das Grundsatzprogramm der Alternative für Deutschland, vom 01.05.2016, Seite 59

Daraus folgt für die AfD im Bundesprogramm die Gefahr „eines schleichenden Erlöschens der europäischen Kulturen". Die Partei bewertet im Programm die „Ideologie des Multikulturalismus" als „Bedrohung für den Fortbestand der Nation als kulturelle Einheit".

AfD-Politiker greifen die These vom Ende des deutschen Volkes durch Zuwanderung immer wieder auf. Im August 2016 fragt Björn Höcke auf seiner Facebook-Seite, ob die „Multikulturalisierung eines gewachsenen Volkes" die UN-Kriterien für Völkermord erfüllt.

Anders als in ihren Anfängen will die heutige AfD „das individuelle Asylgrundrecht" im Grundgesetz abschaffen. Es soll durch eine „grundgesetzliche Gewährleistung eines Asylgesetzes" ersetzt werden.

Die AfD will Asylzentren außerhalb Deutschlands schaffen, die entweder von internationalen Organisationen oder zur Not auch von Deutschland finanziert werden.

Dort solle über die Legitimität der Fluchtgründe entschieden werden. Nur falls diese anerkannt würden, dürften die Asylsuchenden nach Deutschland einreisen. Jeder, der es auf eigene Faust nach Deutschland schafft, würde in diese Lager zurückgebracht.

Ob überhaupt noch Fremde ins Land kommen sollen, ist bei der AfD umstritten. Auf dem Parteitag in Stuttgart wurde erst ein Beschluss gefasst, das zu untersagen. Nach der Intervention eines Mitglieds wurde noch einmal abgestimmt.

Nun heißt es im Programm:
„Wir setzen uns für eine maßvolle legale Einwanderung nach qua-litativen Kriterien ein, soweit ein unabweisbarer Bedarf weder durch einheimische Potentiale noch durch Zuwanderung aus der EU gedeckt werden kann."

„Kanada und Australien sind uns Vorbilder darin, wie Einwan-derungsländer eine gesellschafts-, sozial- und arbeitsmarktver-trägliche Einwanderung regeln."

Aber auch das geht vielen nicht weit genug. So fordert Björn Höcke Massenausweisungen, sollte die AfD an die Macht kom-men und spricht von einer Obergrenze von jährlich „minus 200.000" Menschen. Sprich: 200.000 Zuwanderer sollen jährlich ausgewiesen werden.

Fazit

Die AfD will das bisherige Recht auf Asyl aus dem Grundgesetz streichen. Flüchtlinge sollen Deutschland erst dann betreten dürfen, wenn ihr Asylantrag bereits bewilligt worden ist. Zudem sollen bei Bedarf hochqualifizierte Einwanderer aufgenommen werden. Hier nennt die AfD Kanada und Australien als Vorbil-der.
Das Programm der Partei fußt auf einer völkischen Ideologie, die davon ausgeht, dass durch die Zuwanderung gerade von Muslimen das Ende des deutschen und der europäischen Völker drohe. Der rechte Flügel in der AfD warnt vor einem „Bevölke-rungsaustausch".

Islam und Judentum

„Der Islam gehört nicht zu Deutschland. In seiner Ausbreitung und in der Präsenz einer ständig wachsenden Zahl von Muslimen sieht die AfD eine große Gefahr für unseren Staat, unsere Gesellschaft und unsere Werteordnung. Ein Islam, der unsere Rechtsordnung nicht respektiert oder sogar bekämpft und einen Herrschaftsanspruch als alleingültige Religion erhebt, ist mit unserer Rechtsordnung und Kultur unvereinbar.“

Programm für Deutschland, Das Grundsatzprogramm der Alternative für Deutschland, vom 01.05.2016, Seite 49

Der Islam nimmt im AfD-Programm breiten Raum ein. Er wird zwar im Kapitel „Kultur, Sprache, Identität" als Unterkapitel geführt, füllt aber vier Seiten und nimmt damit genauso viel Raum ein wie das Kapitel über Steuern und Finanzen.

Abgelehnt werden Minarette, Vollverschleierung und Steuererleichterungen. Im Wortlaut:
„Das Minarett lehnt die AfD als islamisches Herrschaftssymbol ebenso ab wie den Muezzinruf, nach dem es außer dem islamischen Allah keinen Gott gibt.“

„Die AfD fordert ein allgemeines Verbot der Vollverschleierung in der Öffentlichkeit und im öffentlichen Dienst.“

„Die AfD lehnt es ab, islamischen Organisationen den Status einer Körperschaft des öffentlichen Rechts zu verleihen, weil sie die rechtlichen Voraussetzungen nicht erfüllen.“

Damit würde es islamischen Organisationen erschwert, in Deutschland Geld zu sammeln. Aber auch aus dem Ausland sollen sie keine Zuwendungen erhalten:

„Die Finanzierung des Baus und Betriebs von Moscheen durch islamische Staaten oder ausländische Geldgeber bzw. ihre Mittelsmänner soll unterbunden werden."

Im Kapitel „Natur und Umwelt" steht ein weiteres Verbot: Dort lehnt die AfD das Schächten ab, das betäubungslose Schlachten von Tieren.

„Es ist mit dem deutschen Staatsziel Tierschutz nicht vereinbar und muss ohne Ausnahme verboten sein. Die Ausnahmeregelung für Religionsgemeinschaften in Paragraph 4a (2) des deutschen Tierschutzgesetzes ist zu streichen."

Auch Menschen jüdischen Glaubens bestehen darauf, Tiere zu schächten – auch sie müssten in Deutschland dann als Vegetarier leben.

Im *Entwurf* des Parteiprogramms war auch von einem Beschneidungsverbot bei kleinen Jungen die Rede. Da das aber stets auch einen antisemitischen Beigeschmack hat, fand diese Forderung am Ende keinen Eingang in das Grundsatzprogramm.

Der Zentralrat der Juden in Deutschland kritisiert die Ideen der AfD im Mai 2016 in einer Pressemitteilung. Das Programm habe deren „religionsfeindliche Haltung deutlich gemacht". Die AfD verlasse den Boden des Grundgesetzes. „Vor allem die gegen den Islam gerichteten Passagen im Programm zeigen die Intoleranz und Respektlosigkeit der Partei vor religiösen Minderheiten in Deutschland. Dies drückt sich ebenso in der Ablehnung des Schächtens aus."

Auch Vertreter der katholischen und der evangelischen Kirche haben die AfD wiederholt kritisiert.

In ihrem Parteiprogramm bekennt sich die AfD zweimal zur „christlichen Kultur" und einmal zur „jüdisch-christlichen Kultur". Und zwar dort, wo es gegen den Islam geht:
„Einer islamischen Glaubenspraxis, die sich gegen die freiheitlich-demokratische Grundordnung, unsere Gesetze und gegen die jüdisch-christlichen und humanistischen Grundlagen unserer Kultur richtet, tritt die AfD klar entgegen."

Fazit

In der Vorstellung der AfD ist das Abendland christlich bzw. christlich-jüdisch. Der Islam gehört nicht dazu. Die AfD will Moscheen und muslimischen Vereinen den Geldhahn abdrehen. Minarette und religiöse Praktiken wie das Schächten sollen in Deutschland verboten werden. Wenn Muslime künftig ihren Glauben praktizieren wollen, sollen sie das im Privaten tun.

Direkte Demokratie

„Die AfD setzt sich dafür ein, Volksentscheide in Anlehnung an das Schweizer Vorbild auch in Deutschland einzuführen. Wir wollen dem Volk das Recht geben, über vom Parlament beschlossene Gesetze abzustimmen. (...) Auch Beschlüsse des Parlaments in eigener Sache, beispielsweise über Diäten oder andere Mittelzuweisungen, würden wegen der Überprüfungsmöglichkeit der Bürger maßvolle Inhalte haben. Gesetzesinitiativen aus dem

*Volk haben eigene Gesetzesvorlagen zum Gegenstand und kön-
nen durch die Stimmbürger angestoßen werden."*

**Programm für Deutschland, Das Grundsatzprogramm der Alternative für
Deutschland, vom 01.05.2016, Seite 9**

An den Morgen des 23. Juni 2016 erinnern sich viele Europäer
genau: Sie wachen auf und erfahren, dass die Briten mit 52 Prozent der Stimmen dafür sind, die EU zu verlassen. Die meisten
Umfragen hatten ein anderes Ergebnis vorhergesagt.

Großbritannien und Europa stehen seither vor einem wirtschaftlichen und politischen Umbruch, dessen Konsequenzen
nicht absehbar sind. Eine Spätfolge könnte sein, dass Schottland
ausschert und sich abspaltet vom „United Kingdom".

Die AfD hat den Brexit begrüßt – aus Ausdruck des Volkswil-
lens, als Ausdruck echter Demokratie. Er hat sie darin bestätigt,
mehr Volksentscheide zu fordern. Während Politiker anderer
Couleur genau anders herum argumentieren: Der Brexit habe
ein weiteres Mal bewiesen, dass Populisten Volksbefragungen
dazu missbrauchen, die Bevölkerung mit falschen Behauptungen in die Irre zu leiten.
In Deutschland sind Volksabstimmungen auf Kommunal- und
Länderebene längst Realität. Die Partei der Linken, genau wie
die Grünen, fordern mehr Volksentscheide auch auf Bundesebene. Auch Justizminister Heiko Maas (SPD) ist dafür. „Ich
bin der Auffassung, dass Volksentscheide auch bei bundespoli-
tischen Fragen möglich sein sollten", hat er gesagt. Er erhoffe
sich dadurch eine stärkere Politisierung der Wähler. „Wir sollten
auch vor heiklen Fragen keine Angst haben und die Debatten
nicht den Populisten überlassen", sagt Maas.

Der ehemalige Bundespräsident Joachim Gauck hat dem widersprochen. Man könne komplexe Fragen nicht in eine Entscheidung zwischen „Ja" und „Nein" zwängen. Und weiter: „Was direkte Beteiligung über Volksentscheide zumindest auf Bundesebene angeht, bin ich mittlerweile sehr skeptisch."

Befürworter von Volksabstimmungen von links und rechts verweisen gern auf die Schweiz. Dort gehören Plebiszite seit Jahrhunderten zur Demokratie. Der milliardenschwere Schweizer Rechtspopulist Christoph Blocher setzt gezielt Referenden ein, um in der Schweiz fremden- und EU-feindliche Positionen durchzusetzen. Mehrfach hat er damit Erfolg.

Ein zentraler Punkt bei Volksentscheiden: Welche Rolle hat das Parlament? Nach dem Brexit wollte die britische Premierministerin Theresa May den EU-Austritt ohne das vorherige Votum des britischen Parlaments vollziehen. Das oberste Gericht Großbritanniens widersprach dem. Das Parlament sei der oberste Souverän. Ein Referendum könne nicht dessen Entscheidungshoheit aufheben.

Fazit

Die Forderung nach bundesweiten Volksentscheiden findet sich bei vielen Parteien. Das Für und Wider wird seit Jahrzehnten diskutiert. Das Beispiel Schweiz zeigt, dass dieses Instrument funktionieren kann. Das Beispiel Brexit zeigt die Gefahren. Wenn Rechtspopulisten mehr direkte Demokratie fordern, dann steht dahinter immer auch eine Geringschätzung der parlamentarischen Demokratie: Den „System-„ oder „Altparteien" wird abgesprochen, dass sie den Willen des Volkes repräsentieren.

Euro

> *„Wir fordern, das Experiment Euro geordnet zu beenden. Sollte sich der Bundestag dieser Forderung nicht anschließen, muss über den Verbleib Deutschlands im Währungsverbund eine Volksabstimmung durchgeführt werden."*

Programm für Deutschland, Das Grundsatzprogramm der Alternative für Deutschland, vom 01.05.2016, Seite 18

Die AfD, das ist eine ihrer ältesten Forderungen, will aus dem Euro aussteigen. In der Logik der AfD ist der Euro eine „Fehlkonstruktion". Er soll entweder in kleinere Währungsverbünde aufgebrochen werden und dann Länder vergleichbarer Wirtschaftskraft verbinden. Oder man kehrt gleich zu nationalen Währungen zurück. Frauke Petry sagt, die Abschaffung des Euro führe „zu einem deutlichen Anstieg der Binnennachfrage und einer größeren Attraktivität von Investitionen in Deutschland".

Natürlich werde parallel die deutsche Währung aufgewertet, wodurch deutsche Exporte teurer würden. Weshalb dann auch Produktivität und Innovationskraft steigen müssen. Aber das habe ja auch früher – zu D-Mark-Zeiten – gut geklappt. „Diese Hochtechnologie-Strategie hat Deutschland viele Jahre vor der Euro-Einführung zum wirtschaftlich stärksten Land Europas gemacht und sollte auch nach der Auflösung des Euro wieder zur Maxime deutscher Wirtschaftspolitik werden."

Wirtschaftsexperten widersprechen. Sie halten die AfD-Strategie für riskant und sagen, sie würde den Wohlstand schmälern. „Nach wie vor sind offene Märkte in der Welt und insbesondere in Europa existenziell für die exportorientierte deutsche Wirtschaft. Der von der AfD propagierte Rückzug aus der Euro-Zone und die damit verbundene Destabilisierung der gesamten Europäischen Union ist daher der völlig falsche Weg", sagt Anton F. Börner, Präsident des deutschen Außenhandelsverbands, 2016 dem „Handelsblatt". „Unser Fundament ist die wirtschaftliche Stabilität der Euro-Zone, Tendenzen von Nationalismus und politischer Abschottung führen unserer Ansicht nach zu Instabilität."

Die EU-Kommission hat errechnet: Werden die Grenzen innerhalb der EU dauerhaft dicht gemacht, würde das Europa bis zu 18 Milliarden Euro pro Jahr kosten.

Andere Prognosen besagen: Steigen Europas Länder aus dem gemeinsamen Binnenmarkt aus, wäre die erste Reaktion ein scharfer Abschwung, die Wirtschaft könnte um bis zu fünf Prozent schrumpfen. Danach würde sie pro Jahr rund ein Prozent weniger wachsen – und damit nahezu stagnieren.

Außenpolitik: EU, NATO, Russland

Die **Europäische Union** soll nach dem Willen der AfD zentrale Kompetenzen verlieren.

„Wir sind dagegen, die EU in einen zentralistischen Bundesstaat umzuwandeln. Stattdessen treten wir dafür ein, die EU zurückzuführen zu einer Wirtschafts- und Interessengemeinschaft souveräner, lose verbundener Einzelstaaten in ihrem ursprünglichen Sinne."

Programm für Deutschland, Das Grundsatzprogramm der Alternative für Deutschland, vom 01.05.2016, Seite 16

Das heißt: Die EU wäre weder zu einer gemeinsamen Außen- oder Wirtschafts- noch Flüchtlingspolitik fähig. Die großen Probleme der Zeit könnten nicht mehr gemeinsam gelöst werden. Einem mächtigen Nachbarn wie Russland könnte es leichter fallen, die europäischen Staaten gegeneinander auszuspielen. Die AfD behält sich auch vor, aus der EU auszutreten:

„Sollten sich unsere grundlegenden Reformansätze im bestehenden System der EU nicht verwirklichen lassen, streben wir einen Austritt Deutschlands oder eine demokratische Auflösung der Europäischen Union und die Neugründung einer Europäischen Wirtschaftsgemeinschaft an."

Die AfD bekennt sich zur **NATO**, sieht sie aber ausdrücklich nicht als Wertegemeinschaft.

> *„Die Mitgliedschaft in der Nato entspricht den außen- und sicherheitspolitischen Interessen Deutschlands, soweit sich die Nato auf ihre Aufgabe als Verteidigungsbündnis beschränkt."*

Programm für Deutschland, Das Grundsatzprogramm der Alternative für Deutschland, vom 01.05.2016, Seite 30

US-Soldaten sollen nach dem Willen der AfD Deutschland verlassen, gefordert wird der „Abzug aller auf deutschem Boden stationierten alliierten Truppen und insbesondere ihrer Atomwaffen".

Auch die NATO soll deutschen Interessen dienen. „Wir treten dafür ein, dass jedes Engagement in der NATO im Einklang mit den deutschen Interessen steht und einer zielgerichteten Strategie entspricht."

Zugleich fordert die AfD eine Stärkung der Bundeswehr innerhalb der NATO.

„Wir setzen uns dafür ein, den europäischen Teil der atlantischen Allianz deutlich zu stärken. Um dieses Ziel zu erreichen, ist es unabdingbar, die militärischen Fähigkeiten der deutschen Streitkräfte wiederherzustellen, um Anschluss an die strategischen und operativen Erfordernisse zu finden."

Das halbherzige Bekenntnis zur NATO ist einer Intervention des AfD-Vorstandsmitglieds Alexander Gauland auf dem Parteitag in Stuttgart zu verdanken – ein Antrag der Jungen Alternative sah vor, aus der NATO auszutreten.

Gauland verteidigt die NATO mit einem historischen Vergleich, dem Rückversicherungsvertrag von 1887, ein Bündnis zwischen dem Deutschen und dem Russischen Reich. Gaulands Argumente überzeugen die Delegierten in Stuttgart. Wobei sie in der NATO keine Wertegemeinschaft sehen, sondern ein Zweckbündnis.

Russland kommt im Bundesprogramm zweimal vor. Einmal heißt es:

„Das Verhältnis zu Russland ist für Deutschland, Europa und die Nato von maßgeblicher Bedeutung, denn Sicherheit in und für Europa kann ohne Russlands Einbindung nicht gelingen. Wir setzen uns daher dafür ein, Konflikte in Europa friedlich zu regeln und dabei die jeweiligen Interessen zu berücksichtigen."
Programm für Deutschland, Das Grundsatzprogramm der Alternative für Deutschland, vom 01.05.2016, Seite 31

Ein scheinbar harmloser Absatz – hinter dem der Gedanke steht: Russland unter Waldimir Putin wird in Europa eine Einflusssphäre zugestanden, die „berücksichtigt" werden muss.

Putin genießt bei vielen in der AfD erstaunlich hohes Ansehen. Führende Funktionäre wie der NRW-Chef Marcus Pretzell oder Markus Frohnmaier, Vorsitzender der Jungen Alternative, haben Russland und die besetzte Krim besucht.

Die EU-Sanktionen gegenüber Russland lehnt die AfD ab. Auch hier stellt die Partei einen Grundpfeiler der deutschen Außenpolitik in Frage: die Westbindung.

4. Kapitel: Die soziale Basis der AfD

Von Tania Röttger

Bei den Landtagswahlen 2016 schaffte die AfD aus dem Stand den Sprung in die Parlamente von Baden-Württemberg, Berlin, Mecklenburg-Vorpommern, Rheinland-Pfalz und Sachsen-Anhalt. Wer stimmte für die Partei? Das ist die erste Frage.
Die zweite Frage: Welche Themen liegen den AfD-Anhängern besonders am Herzen?
Die dritte Frage: Welche Ähnlichkeiten gibt es zwischen Trump-Wählern, Brexit-Befürwortern und AfD-Wählern?

Wer wählt die AfD?

Mehr Enttäuschte als Überzeugte

Zwei Drittel der Wähler stimmen für die AfD, weil andere Parteien sie enttäuscht haben. Ein Drittel gibt an, sie wählten AfD aus Überzeugung.
Bei den Wählern der etablierten Parteien ist es genau umgekehrt. Rund zwei Drittel wählen ihre Partei aus Überzeugung, ein Drittel aus Enttäuschung über andere Parteien. (Quelle: Infratest dimap)

Menschen aus allen Altersschichten

In absoluten Zahlen sind die 45- bis 60-Jährigen die größte Gruppe unter den AfD-Wählern. Wobei das daran liegt, dass es in Deutschland aufgrund des Geburtenrückgangs mehr ältere als jüngere Wähler gibt. Außerdem ist die Wahlbeteiligung in diesen Altersgruppen höher.

Relativ gesehen hingegen erzielt die AfD ihre besten Ergebnisse bei den Wählern zwischen 25 und 45 Jahren. Zum Beispiel wählten 18 Prozent der 35- bis 45-jährigen Baden-Württemberger die AfD. Insgesamt kam die Partei dort auf 15 Prozent.

In Sachsen-Anhalt erzielte die AfD bei den 25- bis 35-Jährigen ihr bestes Ergebnis: 28,5 Prozent. Insgesamt erhielt sie 24 Prozent.

Schwierigkeiten hat die AfD dafür bei den 18- bis 25-Jährigen. Dort schneiden vor allem die GRÜNEN überdurchschnittlich gut ab.

Grundsätzlich gilt: Jüngere Menschen gehen seltener zur Wahl und sind eher bereit, AfD zu wählen.

Ehemalige CDU-Wähler, Protestwähler, Nichtwähler

Vor allem aus drei Lagern gab es laut Infratest dimap eine Wanderung zur AfD:
Am meisten Stimmen verliert demnach die CDU an die AfD. In Baden-Württemberg sind es 190.000 Menschen, die in der Wahl zuvor die CDU gewählt haben und nun zur AfD wechseln (SPD 90.000 Stimmen, Grüne 70.000 Stimmen). Viele dieser Wähler wollen gegen die Flüchtlingspolitik von Kanzlerin Merkel protestieren. Der AfD gelingt es, sich als Anti-Asyl-Partei zu positionieren. In den neuen Bundesländern leidet vor allem die Linke unter der AfD.

Zweitens kann die AfD besonders jene motivieren, die früher für die „sonstigen" Parteien gestimmt haben, von der NPD bis zur Tierschutzpartei. Vielen dieser Wähler geht es seit jeher darum, gegen die etablierten Parteien zu protestieren. Als nun die AfD auftaucht, sehen viele Bürgerinnen und Bürger die Möglichkeit, mit ihrer Proteststimme durchzudringen – eine Stimme, die früher in aller Regel verloren war und im grauen „Sonstige"-Balken auf den Wahldiagrammen verschwand. In Baden-Württemberg stimmen 151.000 ehemalige „Sonstige"-Wähler für die AfD, in Sachsen-Anhalt 54.000.

Drittens tragen auch ehemalige Nichtwähler überproportional zu den guten Ergebnissen der AfD beigetragen. In Baden-Württemberg erhielt die Partei laut Infratest dimap 209.000 Stimmen von Wählern, die in der Wahl zuvor nicht gewählt hatten. In Sachsen-Anhalt waren es 101.000, in Berlin 69.000.

Die AfD ziehe gerade jene Nichtwähler an, die „systemkritisch und anti-demokratisch" sind, sagt Manfred Güllner, Chef des Meinungsforschungsinstituts Forsa.

Aber: Die Mehrheit der Nichtwähler lässt sich auch von der AfD nicht zum Urnengang motivieren. Die Wahlbeteiligung schwankt je nach Bundesland zwischen 60 und 70 Prozent. Rund ein Drittel der Menschen geht also weiterhin nicht zur Wahl.

Menschen aus allen Berufen

In absoluten Zahlen bilden Angestellte und Rentner die größte Gruppe unter den AfD-Wählern. Gemeinsam sorgen sie für zwei Drittel der AfD-Stimmen.

Auch unter Arbeitern – vom Fabrikarbeiter bis zum Maurer – ist die AfD im vergangenen Jahr mit einer Ausnahme stärkste Partei.

So viel Prozent der Arbeiter wählen AfD

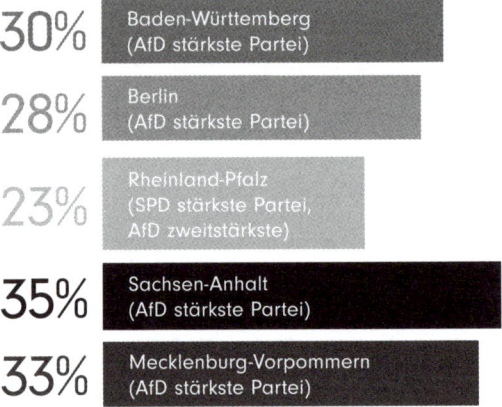

Quellenhinweis: Daten von Infratest dimap – Wählerschaft nach
Erwerbsstatus, Berufsgruppe

In Baden-Württemberg finden die Wahlanalysten einen Zusammenhang zwischen Gegenden mit vielen Industriearbeitern und besseren AfD-Ergebnissen. Niedrigere Stimmanteile gibt es dagegen in Regionen, wo es vor allem Dienstleistungsberufe gibt.

Hintergrund könne sein, dass Jobs in der Industrie stärker durch die Globalisierung gefährdet sind als Dienstleistungsjobs, sagt Kai-Uwe Schnapp, Politikwissenschaftler an der Universität Hamburg. Diese Furcht vor der Globalisierung treibe der AfD Wähler zu.

Auch Arbeitslose wählen besonders häufig AfD. Bei der Landtagswahl in Baden-Württemberg stimmen rund ein Drittel der Arbeitslosen für die Partei. Aber: Im Wahlmonat liegt die Arbeitslosenquote dort bei 3,9 Prozent. Weshalb in absoluten Zahlen die Arbeitslosen wenig ins Gewicht fallen.

So viel Prozent der Arbeitslosen wählen AfD

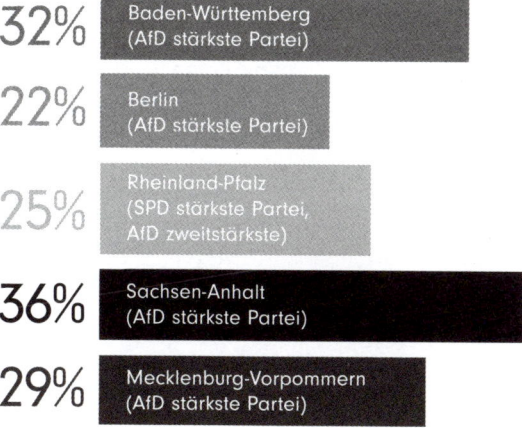

32% Baden-Württemberg (AfD stärkste Partei)

22% Berlin (AfD stärkste Partei)

25% Rheinland-Pfalz (SPD stärkste Partei, AfD zweitstärkste)

36% Sachsen-Anhalt (AfD stärkste Partei)

29% Mecklenburg-Vorpommern (AfD stärkste Partei)

Quellenhinweis: Daten von Infratest dimap – Wählerschaft nach Erwerbsstatus, Berufsgruppe

Mehr Männer als Frauen

Grundsätzlich wählen mehr Männer als Frauen die AfD. Bei der Landtagswahl in Sachsen-Anhalt im März 2016 beträgt der Unterschied fast 10 Prozent. Bei der Wahl in Berlin ist die AfD unter Männern mit 18 Prozent die zweitstärkste Partei. Bei den Berliner Frauen erzielt sie weniger als 11 Prozent.
Woran liegt das?

Männer seien eher bereit, neue Parteien zu wählen, sagt Ina Roth, Sprecherin bei Infratest dimap. Bei den Piraten waren die Wähler anfangs auch überwiegend männlich. Viele Frauen fänden außerdem andere Themen wichtig als Männer, sagt Roth. Ihre Wahlentscheidung träfen sie eher auf Grund von Bildungs-, Umwelt- oder Sozialpolitik. Und damit befasst sich die AfD weniger.

Politikwissenschaftler Kai-Uwe Schnapp ergänzt: Männer neigen eher zu radikalen Positionen, wie sie die AfD vertritt.

Menschen, die in der Provinz wohnen

Besonders stark ist die AfD weitab der Großstädte. Laut Forsa lebt fast die Hälfte der AfD-Anhänger in ländlichen Gebieten, das heißt in Orten mit weniger als 20.000 Einwohnern.

Verteilung der AfD-Wähler auf Klein-, Mittel- und Großstädte

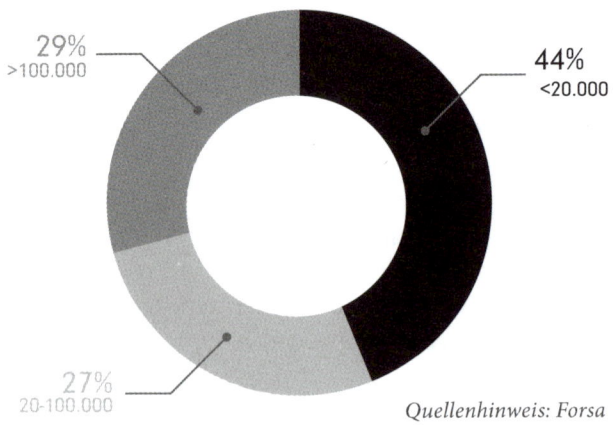

29%
>100.000

44%
<20.000

27%
20-100.000

Quellenhinweis: Forsa

Auch hier gibt es Ausnahmen. Etwa im Norden Mannheims, der drittgrößten Stadt Baden-Württembergs und geprägt von Wirtschaftsproblemen. Dort holt die AfD bei der Landtagswahl 2016 ein Direktmandat, mit 23 Prozent der Stimmen.

Menschen, die auf der Realschule waren

Rund die Hälfte der AfD-Anhänger hat ein mittleres Bildungsniveau – also die Realschule oder die 10. Klasse abgeschlossen. Damit sind sie in der AfD überrepräsentiert. Denn bundesweit hat rund ein Drittel der Menschen eine mittlere Bildung. (Quelle: Infratest dimap)

Ein Viertel der AfD-Anhänger verfügt über eine höhere Bildung, also Abitur oder einen Uni-Abschluss. Das ist ein unterdurchschnittlicher Wert. Zum Vergleich: Bei den Grünen haben fast 70 Prozent einen Hochschulabschluss, bei der Linken 46 Prozent, bei der CDU 38 Prozent, bei der SPD 37 Prozent. Das Bevölkerungsmittel: 30 Prozent.

20 Prozent der AfD-Anhänger haben eine niedrige Bildung, also einen Hauptschulabschluss oder mindestens die 8. Klasse vollendet. Menschen mit niedriger Bildung sind in der AfD unterrepräsentiert. Denn insgesamt hat rund ein Drittel der Deutschen eine niedrige Bildung.

Menschen, die sich zur Mittelschicht rechnen

Rund die Hälfte der AfD-Anhänger zählt sich zur Mittelschicht. Was genau die Mittelschicht ist, dafür gibt es keine verbindlichen Kriterien. Darum untersuchen Wahlforscher, wie sich die Stimmberechtigten selbst einschätzen. Wer sich zur Mittelschicht zählt, möchte sich abgrenzen von der Unterschicht und glaubt nicht, dass er zur Oberschicht gehört.

Was das Einkommen angeht, liegen die AfD-Anhänger in der Mitte des politischen Spektrums – unterhalb von FDP, Grünen und CDU, oberhalb von SPD und LINKEN. (Quelle: Forsa)

Menschen beider Konfessionen

In ihren Studien fragen Wahlforscher von Forsa die AfD-Anhänger auch nach ihrer Religionszugehörigkeit. Dabei gab die Hälfte an, konfessionslos zu sein. 27 Prozent geben an, protestantisch zu sein, 24 Prozent katholisch. Konfessionslose und Protestanten sind demnach leicht überrepräsentiert. Denn es gibt in Deutschland mehr Katholiken als Protestanten.

Netto-Haushaltseinkommen von Wählern nach Parteien (in Euro pro Monat)

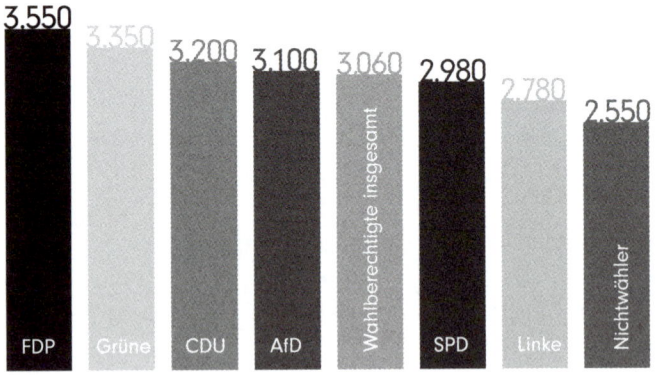

FDP	Grüne	CDU	AfD	Wahlberechtigte insgesamt	SPD	Linke	Nichtwähler
3.550	3.350	3.200	3.100	3.060	2.980	2.780	2.550

Quellenhinweis: Forsa

Welche Themen mobilisieren die AfD-Anhänger?

Flüchtlinge, Flüchtlinge, Flüchtlinge

Bei den Landtagswahlen 2016 spielt die Landespolitik nur eine geringe Rolle. 60 Prozent der AfD-Wähler in Mecklenburg-Vorpommern stimmen über die Bundesregierung ab – und erteilen ihr vor allem wegen der Flüchtlingspolitik einen Denkzettel. (Quelle: Forschungsgruppe Wahlen).

Von Flüchtlingen fühlen sich AfD-Anhänger „persönlich beunruhigt und bedroht". 100 Prozent der AfD-Anhänger sind unzufrieden mit der Art, wie Angela Merkel mit dem Flüchtlingsthema umgegangen ist. (Quelle: Forsa)

Für AfD-Wähler rangiert das Thema „Flüchtlinge" in seiner Wichtigkeit vor sozialer Gerechtigkeit, Wirtschaft, Arbeit oder Bildung. Damit unterscheiden sich die AfD-Anhänger von den Wählern der anderen Parteien. Denn insgesamt steht in Deutschland das Thema „Soziale Gerechtigkeit" an erster Stelle. Für AfD-Wähler liegt es meist an zweiter Stelle.

Was genau beunruhigt AfD-Wähler an der bisherigen Flüchtlingspolitik? Nach Angaben von Infratest dimap macht ihnen die hohe Zahl der Flüchtlinge Angst. Sie sorgen sich, dass der Islam in Deutschland zu stark wird. Dass die Kriminalität zunimmt. Dass mehr für Flüchtlinge getan wird als für bedürftige Deutsche. Bei all diesen Punkten stimmen mindestens 90 Prozent der AfD-Wähler zu. Weitaus mehr als bei den Wählern der etablierten Parteien.

Welches Thema gab Ausschlag für die Wahl der AfD? (in %)

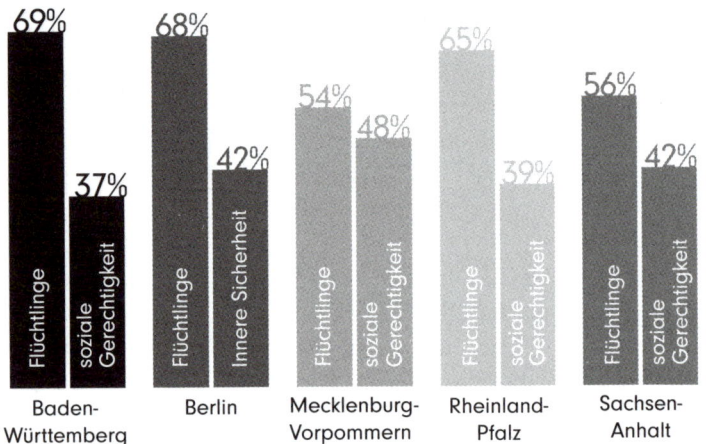

Quellenhinweis: Infratest dimap, Nachwahlumfrage

Dementsprechend schätzen AfD-Wähler an ihrer Partei, dass sie „den Zuzug von Ausländern und Flüchtlingen begrenzen will", dass sie „die Ausbreitung des Islam in Deutschland verhindern will", und dass sie „Probleme bei der Integration muslimischer Flüchtlinge anspricht". Bei all diesen Aussagen stimmten jeweils mehr als 90 Prozent der befragten AfD-Wähler zu. (Quelle: Infratest dimap)

Ob die AfD Probleme mit Flüchtlingen auch lösen wird? Daran zweifeln die eigenen Anhänger. Bei Nachwahlbefragungen im Jahr 2016 stimmten 90 Prozent der AfD-Wähler dem Satz zu: „Löst zwar keine Probleme, nennt die Dinge aber beim Namen". Nur etwas mehr als die Hälfte der AfD-Anhänger traut der Partei die größte Lösungskompetenz beim Thema Flüchtlinge zu, erläutert Matthias Jung von der Forschungsgruppe Wahlen. Aber die Wähler honorieren, dass die Partei ihre Sorgen benenne, im Gegensatz zu den etablierten Parteien. Bei allen anderen politischen Themen geben die AfD-Anhänger ihrer Partei kaum Kompetenzpunkte, bei Bildung oder Wirtschaft etwa.

Wird die AfD verschwinden, wenn das Thema Flüchtlinge weniger brisant ist? Nein, sagt Kai-Uwe Schnapp, von der Universität Hamburg. Weil die Wähler auch ein Weltbild eint, dass sie besonders von der AfD vertreten sehen. Er nennt dieses Weltbild „nationalistisch-sozial-autoritär". AfD-Wähler wünschten sich einen Sozialstaat, aber für Deutsche, und teilten liberale Werte nicht.

Sonstige Themen

Alle anderen politischen Themen rangieren für AfD-Anhänger an zweiter Stelle.

Obwohl sie im Schnitt wirtschaftlich gut dastehen, machen sie sich Sorgen. Über Altersarmut, die Zukunft der Kinder, Kriminalität, die wirtschaftliche Stabilität. Dieser Pessimismus ist ausgeprägter als unter Wählern anderer Parteien. 77 Prozent der AfD-Anhänger haben „pessimistische Wirtschaftserwartungen". Bei den Anhängern der etablierten Parteien sind es 34 Prozent. (Quelle: Forsa)

Kai-Uwe Schnapp, Politologe an der Universität Hamburg, ergänzt: Der Begriff „Abgehängte", mit dem AfD-Anhänger häufig bezeichnet werden, greife zu kurz. Sie stünden in ihrer Gesamtheit wirtschaftlich kaum schlechter da als andere Menschen. Dennoch treffe der Begriff zu – wenn man ihn inhaltlich

Einschätzung der AfD von AfD-Anhängern

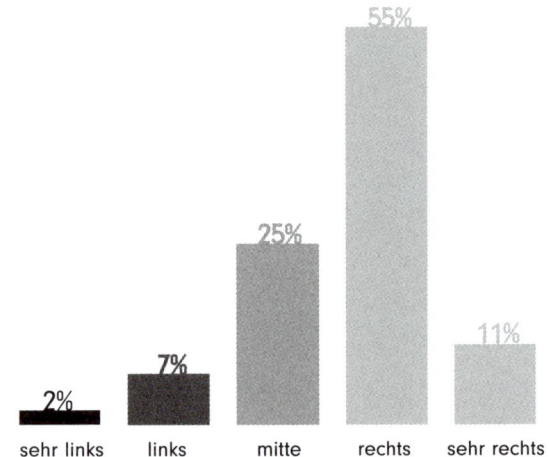

Selbsteinschätzung der AfD-Anhänger

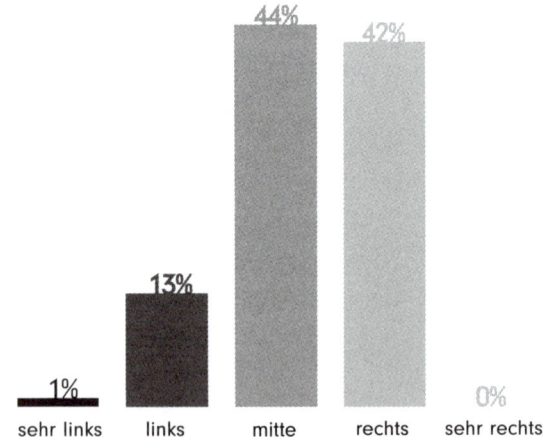

Quellhinweis: Infratest dimap im November 2015

verwende. Die AfD-Anhänger kämen bei vielen Themen nicht mehr mit, von Multikulturalismus bis Gleichberechtigung. Sie seien nicht wirtschaftlich, sondern gesellschaftlich abgehängt.

Nach einer Studie der SPD-nahen Friedrich-Ebert-Stiftung aus dem Jahr 2016 unterstützen 84 Prozent der AfD-Anhänger neurechte Einstellungen: Sie glauben an eine „Unterwanderung durch den Islam", an ein „Meinungsdiktat" in Medien und Politik, an eine Beherrschung des Volkes durch ein „Establishment". Zwei Drittel der AfD-Anhänger äußerten sich abwertend über asylsuchende Menschen, genauso viele stimmten herabsetzenden Aussagen über Arbeitslose zu.

„Wenn Arbeitsplätze knapp werden, sollte man die Ausländer/innen wieder in ihre Heimatländer zurückschicken" – diesem Satz stimmen mehr als die Hälfte der AfD-Anhänger zu. Annähernd so viele glauben, dass Deutschland anderen Völkern überlegen sei. (Quelle: Infratest dimap)

Oskar Niedermayer, Politikprofessor an der FU Berlin, und Jürgen Hofrichter von Infratest dimap leiten aus Aussagen wie diesen ab, dass rund 28 Prozent der AfD-Anhänger einen Hang zu rechtsextremistischen Einstellungen haben. In der Gesamtbevölkerung liege dieses Potenzial lediglich bei 9 Prozent. Rechtsextremistische Ansichten sind in der AfD also stark überrepräsentiert.

Trump, Brexit, AfD

Die Wahl von Donald Trump zum US-Präsidenten, das Brexit-Votum in Großbritannien, die Wahlerfolge der AfD in Deutschland: Anti-liberale Positionen sind in vielen Ländern der

CORRECTIV

westlichen Welt auf dem Vormarsch. Was haben Trump-Wähler, Brexit-Befürworter und AfD-Wähler gemeinsam? Worin unterscheiden sie sich? In Sachen:

Alter

In den USA und Großbritannien sind es vor allem ältere Wähler, die gegen liberale Positionen stimmen. Menschen ab 45 votieren mehrheitlich für Trump, Menschen ab 60 mehrheitlich für den Brexit. Das unterscheidet sie von den Anhängern der AfD: Bei den meisten Landtagswahlen wählen Menschen jeden Alters AfD. In den Altersgruppen 25 bis 45 erzielt die AfD meist ein bis zwei Prozentpunkte mehr.

Das hänge mit der relativ starken Parteienbindung in Deutschland zusammen, erläutert Ursula Münch von der Akademie für Politische Bildung in Tutzing. Ältere Menschen hätten sich an das Vier-Parteien-System gewöhnt, bei ihnen hätten es neue Parteien schwerer, sich zu etablieren.

Im Gegensatz dazu sind die älteren Briten nicht mit der EU aufgewachsen, sie haben also weniger Probleme damit, sich für ein Verlassen der EU zu entscheiden. Und Donald Trump ist ein Kandidat der Grand Old Party, wie die Republikanische Partei auch genannt wird. Ältere Leute müssen sich also nicht für eine gänzlich unbekannte Option entscheiden, die AfD-Wähler indes schon.

Männer und Frauen

Bei den Brexit-Befürwortern ist das Verhältnis zwischen den Geschlechtern ausgewogen. Rund fünf Prozent mehr Männer

SCHWARZBUCH AFD

stimmen für den Brexit. Trumps Wähler sind noch männlicher. Auch die AfD hat mehr männliche als weibliche Wähler.

Bildung

Trump und die Brexit-Kampagne: Ihre besten Ergebnisse erzielen sie bei Wählern mit geringer und mittlerer Bildung. Auch hier gibt es Parallelen zur AfD: Auch dort sind Menschen mittlerer Bildung am häufigsten vertreten.

Stadt und Land

Donald Trump schneidet in dünn besiedelten Gegenden prozentual besser ab als in Städten. Ähnlich ist es beim Brexit-Referendum. Eine Statistik zeigt: Je urbaner eine Region, desto mehr Menschen stimmen für einen Verbleib in der EU – etwa in London, Cambridge oder Oxford. Auch bei der AfD gibt es die Tendenz, dass sie in ländlichen Gegenden stärker ist – aber auch in einigen wenigen Stadtteilen stark abschneidet.

Gegen Einwanderung

Auch bei den Themen, die die Wähler vor allem beschäftigen, gibt es Übereinstimmungen. Für Trump wählen mehrheitlich jene, die Einwanderung (64 Prozent) und Terrorismus (57 Prozent) als wichtigste Inhalte nennen. Für den Brexit stimmen Menschen, die Multikulturalismus, Einwanderung, Umweltschutz und Feminismus ablehnen. Einstellungen, die bei AfD-Wählern sehr ähnlich sind.

Protestwähler

Unter den Trump-Wählern sind viele Protestwähler. Sie wollen – endlich – gehört werden. Ob Trump seine Wahlversprechen dann auch umsetzen wird, erscheint ihnen weniger wichtig. „Mit der Stimme für Trump wollten viele zeigen, dass sie selbst zählen", sagt Alec MacGillis von der amerikanischen Rechercheplattform Pro Publica. Auch der Brexit ist eine Protestwahl: Rund 70 Prozent der Pro-Brexit-Wähler finden nicht, dass die Abstimmung besonders wichtig gewesen sei – sie wollten dem politischen Establishment einen Denkzettel verpassen.

Motive, die sich so auch bei vielen AfD-Wählern wiederfinden.

5. Kapitel: Die Köpfe der AfD

Von Marcus Bensmann, Ariel Hauptmeier und Tania Röttger

Frauke Petry

Frage: „Wie soll ein Grenzpolizist reagieren, wenn ein Flüchtling über einen Grenzzaun klettert?" Petry: „Er muss den illegalen Grenzübertritt verhindern, notfalls auch von der Schusswaffe Gebrauch machen. So steht es im Gesetz."

Interview im „Mannheimer Morgen", 30. Januar 2016

Eine Mutter von vier Kindern, die sich, während ihr kleines Unternehmen strauchelt, an die Spitze einer Partei setzt und zwei Jahre später den Gründer wegputscht – so etwas hat es in Deutschland bis dahin nicht gegeben. Wobei Frauke Petry schon immer sehr ehrgeizig gewesen ist.

Geboren wird sie am 1. Juni 1975 in Dresden als Frauke Marquardt. Ihr Vater flieht kurz vor der Wende in die Bundesrepublik, nach der Wende folgen ihm Frauke und ihre Mutter ins Ruhrgebiet nach. Noch auf dem Gymnasium verliebt sie sich in ihren späteren Mann Sven Petry, auch er ein Musterschüler, er kommt aus einer Pastorenfamilie und wird Theologie studieren. 1995 macht Petry in Bergkamen Abitur mit einem Notendurchschnitt von 1,1.

Petry tritt in die Fußstapfen ihrer Mutter und schreibt sich, als Stipendiatin der Studienstiftung des deutschen Volkes, für Chemie ein. 2004 wird sie in Göttingen promoviert.

Frauke Petry

1975 geboren in Dresden als Frauke Marquardt

1995 Abitur in Bergkamen, Notenschnitt 1,1, anschließend Studium der Chemie, Stipendiatin der Studienstiftung des Deutschen Volkes

2007 Gründung einer Kunststoff-Firma

2012 Verdienstmedaille für „besondere Courage und Tatkraft in Forschung und Entwicklung" von Bundespräsident Joachim Gauck verliehen

2013 Gründungsparteitag der AfD, Petry wird eine von drei Sprechern

2014 Einzug als AfD-Abgeordnete in den Landtag von Sachsen

2015 März: Parteitag in Essen, Sturz von AfD-Chef Lucke, Petry wird neue Co-Chefin

2015 Oktober: Petry gibt Ende Ihrer Ehe mit Sven Petry bekannt, mit dem sie vier Kinder hat.

2016 Heirat mit Marcus Pretzell, AfD-Chef in NRW, der ebenfalls vier Kinder aus früherer Ehe hat.

2017 Kongress "Freiheit der Nationen" in Konstanz mit Petry, Pretzell, Marine Le Pen und Geert Wilders.

Petrys Verbündeter innerhalb der Partei ist ihr Ehemann Marcus Pretzell.

Petrys Gegner: Meuthen, Höcke, Gauland, Poggenburg, von Storch u.a.

2007 gründet Petry eine Firma, die ein neuartiges Reifendichtmittel vertreibt. Es heißt Bio-Fill und basiert auf einem umweltfreundlichen Kunststoff, den ihre Mutter entwickelt hat. Zeitweise hat die Firma zehn Mitarbeiter. 2011 berichtet das Magazin „Öko-Test" über die damals 36-jährige Unternehmerin und vierfache Mutter. Titel der Reportage: „Die Chefin stillt im Büro". 2012 verleiht ihr Bundespräsident Joachim Gauck die Verdienstmedaille für „besondere Courage und Tatkraft in Forschung und Entwicklung".

Doch dann scheitert ihr Unternehmen, in das sie rund eine Million Euro investiert hat. Petry geht in die Privatinsolvenz, sie hat persönlich gebürgt. In diese Zeit fällt auch das Ende ihrer Ehe. Menschen aus ihrem Umfeld haben berichtet, wie hart sie beides getroffen hat. Eines Tages erzählt ihr die Mutter von dieser neuen Partei, der künftigen AfD. Mit größtem Eifer stürzt sie sich hinein – und macht schnell Karriere.

Bereits auf dem Gründungsparteitag im Februar 2013 wird sie eine von drei Vorsitzenden, dazu Chefin des Landesverbandes in Sachsen. Im August 2014 zieht sie mit 9,7 Prozent der Stimmen als Abgeordnete in den Landtag von Dresden ein.

Schon bald ist Petry gefragter Talkshow-Gast. Sie lächelt dann eisern und wahrt die Fassung, auch wenn die gesamte Runde wieder mal über sie herfällt. Auch AfD-intern zeigt sie Stehvermögen in den hitzigen, manchmal schier endlosen Sitzungen. Zunächst gilt sie als Vertraute von Parteigründer Bernd Lucke. Doch zunehmend rückt sie von ihm ab – und bereitet hinter den Kulissen seinen Sturz vor. 2015 beklagt sich Lucke in einer E-Mail an Vertraute, Petry würde „lügen, ohne rot zu werden".

Und ein weiterer AfD-Gründer, Hans-Olaf Henkel, lässt Journalisten wissen, Petry sei extrem intrigant.

Im Juli 2015, auf dem Bundesparteitag in Essen, kommt es zum Showdown. „Im Saal ist es heiß. Die Stimmung ist aggressiv, die Wut der AfDler spürbar. Auf Flüchtlinge und Muslime, das Establishment, die etablierte Politik. Jeder Satz gegen Flüchtlinge und Muslime wird frenetisch beklatscht", berichtet ein Reporter der „taz". Petry hat sich mit dem rechten Flügel der Partei um Höcke, Gauland und Poggenburg verbündet. Und sie setzt sich durch: Mit 60 Prozent der Stimmen wird sie zur neuen Bundesvorsitzenden gewählt. Lucke erhält 38 Prozent. Er verlässt die Bühne als geschlagener Mann. „Bernd, Du bleibst die Galionsfigur der Gründerzeit", tröstet ihn Frauke Petry vom Rednerpult aus. Die letzte von vielen Demütigungen.

Hinter den Kulissen hat sich Petry derweil auch mit Marcus Pretzell verbündet, AfD-Chef in Nordrhein-Westfalen. Was lange niemand weiß: Petry und Pretzell werden allmählich ein Paar. Pretzell hat darüber später in der „Bunten" erzählt: „In der Opposition gegen Bernd Lucke haben wir uns dann die Bälle zugespielt – und bamm. Ich fand Frauke immer attraktiver. Sie hat so etwas dämonenhaft Schönes."

Im Frühjahr 2015 gibt Petry das Ende ihrer Ehe bekannt, im Herbst 2015 macht sie die Beziehung zu Marcus Pretzell öffentlich. Ein gutes Jahr später heiraten die beiden. 2017 erwarten sie ein gemeinsames Kind.

Heute bilden Pretzell und Petry eine der beiden zentralen Machtachsen in der AfD. Insider berichten, dass sich das Paar über jede politische Initiative, über jede Äußerung abspricht.

Als Pretzell im November 2016 auf dem Landesparteitag in Rheda-Wiedenbrück seinen Rückhalt in der Partei schwinden sieht, als wegen der Mauscheleien bei der Aufstellung der Landesliste Hohngelächter und Zwischenrufe seine Rede unterbrechen – da steht wenige Stunden später unangekündigt Frauke Petry im Saal. Sie spricht zwar nicht selbst, aber jeder im Saal kann sie sehen – und sieht, wie sie den Saal im Auge behält. Wutentbrannt geben Pretzells Gegner danach zu Protokoll: Allein die Anwesenheit von Frauke Petry habe disziplinierend gewirkt. Pretzell gelingt es, den Kopf aus der Schlinge zu ziehen.

Petrys Bündnis mit dem völkischen Flügel in der AfD ist längst zerbrochen. Brandenburgs Landeschef Alexander Gauland, Thüringens AfD-Chef Björn Höcke und Jörg Meuthen aus Baden-Württemberg treffen sich gern mit Journalisten, um ihnen zu erzählen, was Petry alles falsch macht. Das erste Parteiausschlussverfahren gegen Björn Höcke stoppt der 2015 neu gewählte Bundesvorstand unter Frauke Petry noch, aber dann beginnen sich die Wege zu trennen. Nach Höckes rassistischer Rede über den „afrikanischen Ausbreitungstyp" legt ihm Petry vergebens den Parteiaustritt nahe. Im Jahr 2017, nach Höckes „Denkmal der Schande"-Rede in Dresden unterstützt Petry ein Parteiausschlussverfahren gegen Höcke.

Und so gibt es derzeit zwei Lager in der AfD. Hier das Duo Petry/Pretzell, dort das Rechtsaußen-Lager um Björn Höcke. Hier die populistischen Realisten, dort die völkischen Fundamentalisten. Petry scheint zusammen mit ihrem Ehemann eine moderne, populistische AfD schmieden zu wollen. Vergleichbar mit dem Front National in Frankreich oder der Freiheitspartei in den Niederlanden. Da stört der völkische Mief Höckes. Petry könnte

die deutsche Marine Le Pen werden. Die hat einst ihren antisemitischen Vater aus der Partei gejagt.

Im Januar 2017 findet in Koblenz der AfD-Kongress „Freiheit
der Nationen" statt. Marcus Pretzell hat ihn organisiert. Lachend
steht Petry neben Marine Le Pen, der Vorsitzenden des Front
National. Geert Wilders ist auch da. Die europäische Rechte übt
den Schulterschluss. „Das neue Europa, die neuen Staats- und
Regierungschefs von Europa haben sich hier in Teilen heute
bereits versammelt", begrüßt Marcus Pretzell die Anwesenden.
Und ein Europa, das sie leiten, wird „das beste Europa sein, das
wir jemals hatten".

Unterdessen dauern die Ermittlungen der Staatsanwaltschaft
Dresden gegen Petry an. Ihr wird vorgeworfen, im November
2015 vor dem Wahlprüfungsausschuss des sächsischen Landtags
nicht die Wahrheit gesagt zu haben. Es geht um die Frage: Haben
sich jene, die einen aussichtsreichen Listenplatz bekamen, freiwillig dazu bereit erklärt, der Partei einen Kredit zu geben? Das
sagt Petry. Oder wurden sie dazu gezwungen? Das behauptet ein
geschasstes Parteimitglied (siehe Kapitel 6: Finanzen).

Allen Schlammschlachten zum Trotz – bei der AfD-Basis ist
Frauke Petry beliebt. Der Journalist Armin Lehmann hat es im
„Tagesspiegel" beschrieben: „Dann kommt Frauke Petry auf die
Bühne, und es gibt einen erstaunlichen Effekt, den man sonst
vermutlich nur bei Helene Fischer beobachten kann. Die Alten
und die Jungen, die Singles und die Pärchen, in ihrem Fall die
Rechten wie die Gemäßigten, können sich hinter ihr versammeln. Sie ist populistisch, rassistisch, intellektuell und immer
wieder sehr persönlich – die Zuhörer finden diesen Mix offenbar
anziehend."

Björn Höcke

„ Mit der Bombardierung Dresdens und der anderen deutschen Städte wollte man nichts anderes als uns unsere kollektive Identität rauben. Man wollte uns mit Stumpf und Stiel vernichten, man wollte unsere Wurzeln roden. Und zusammen mit der dann nach 1945 begonnenen systematischen Umerziehung hat man das auch fast geschafft.“

Rede im Dresdner Ballhaus Watzke am 17. Januar 2017

Im September 2014 führt Björn Höcke die AfD in Thüringen zu einem beachtlichen Wahlergebnis: Aus dem Stand erhält die Partei 10,6 Prozent der Stimmen.

Höcke tritt daraufhin in Erfurt vor die Mikrofone und erklärt, die AfD habe einen „vollständigen Sieg" errungen. Eine neue „Epoche der Parteiengeschichte" habe begonnen. Die AfD sei die „blaue Bewegung", die „unser gesamtes Vaterland in eine bessere Zukunft" führen werde.

Unter den Zuhörern: der ehemalige BDI-Chef Hans-Olaf Henkel, damals noch AfD-Vorstandsmitglied. Er erklärt später, ihm sei bei der Rede ein Schauer des Schreckens über den Rücken gelaufen. „Oh Gott, der Kerl redet ja wie Joseph Goebbels", habe er in dem Moment gedacht.

Höckes Rede in Erfurt ist kein Ausrutscher: Er redet immer so. Seine Wortwahl ist pompös, sein Redegestus dramatisierend. In einem fort beschwört er den Untergang – und die Rettung durch die AfD. Er attestiert den Deutschen den „Gemützustand eines total besiegten Volkes".

Björn Höcke

1972: geboren in Lünen (NRW)

2005-2014: Lehrer an einer Gesamtschule in Hessen, Fächer: Sport und Geschichte. Die Schule befindet sich nahe der Grenze zwischen Hessen und Thüringen.

2013: Mitgründer AfD Thüringen

2014: Einzug in den Landtag, Freistellung von der Schule. Höcke ist Partei- und Fraktionsvorsitzender.

2015: Erfurter Resolution: Höcke und Poggenburg werfen darin der AfD-Führung unter Bernd Lucke vor, sich dem „Technokratentum, der Feigheit und dem Verrat an den Interessen unseres Landes" schuldig zu machen.

Höcke erregte große Aufmerksamkeit durch seine Rede im Dresdner Ballhaus Watzke im Januar 2017, in der auch das obige Zitat fällt. Im Februar 2017 beschloss der AfD-Bundesvorstand, ihn aus der Partei zu werfen. Ein offizielles Ausschlussverfahren wurde aber bis Anfang März 2017 (Redaktionsschluss) nicht eingeleitet.

Ehe Höcke in die Politik eintritt, unterrichtet er in einem Gymnasium in Hessen Sport und Geschichte. Schüler haben berichtet, dass sie seinen Unterricht mochten, zeitweise ist er Vertrauenslehrer. Mit politischen Äußerungen hält er sich in dieser Zeit zurück.

Auf einem Treffen rechtskonservativer Publizisten in Fulda 2007 fragt ihn Dieter Stein, Chefredakteur der „Jungen Freiheit", ob Höcke für die Zeitung schreiben wolle. „Er kam mir damals schon wie ein Erleuchteter vor, der sich zu Höherem berufen fühlt", sagt Stein. Auf das Angebot reagiert der Lehrer Höcke damals mit dem Hinweis, dass er wegen seines Beamtenstatus nur „unter Pseudonym" schreiben könne.

Karl-Heinz Weißmann – ein im neurechten Umfeld bekannter Autor – erinnert sich: Höcke habe ihn einmal gefragt, wie er seine politischen Überzeugungen mit dem Schuldienst vereinbaren könne. Worauf er, Weißmann, ihm die beiden Alternativen geschildert habe: Entweder mit „offenem Visier" zu kämpfen und zu riskieren, dass die „Antifa vor der Tür steht". Oder den Mund zu halten und sich auf die Beamtenlaufbahn zu konzentrieren. Lange Zeit wählt Höcke die zweite Option. Erst mit dem Eintritt in die AfD 2013 bekennt er Farbe – und wird mit Gründung der Partei Landesvorsitzender in Thüringen.

Doch schon bald eckt er bei den Parteigenossen mit seiner völkischen Gesinnung an. Parteigründer Bernd Lucke versucht, ihn aus der Partei zu drängen. Höcke geht in die Gegenoffensive. Im März 2015 initiiert er die „Erfurter Resolution". Darin wirft er der damaligen AfD-Führung unter Lucke vor, sich dem „Technokratentum, der Feigheit und dem Verrat an den Interessen unseres Landes" schuldig zu machen.

Im Mai 2015 erklärt Höcke der „Thüringer Allgemeinen": „Ich gehe nicht davon aus, dass man jedes einzelne NPD-Mitglied als extremistisch einstufen kann. Das würde in der Beurteilung etwas zu weit gehen."

Daraufhin beschließt der damalige AfD-Vorstand, gegen die Stimmen von Frauke Petry und Alexander Gauland, Höcke aus der Partei zu werfen.

Ihn rettet der Machtkampf zwischen Parteigründer Lucke und Frauke Petry im Juli 2015. Höcke und sein völkischer Flügel schlagen sich auf die Seite Petrys. Lucke wird abgewählt und verlässt die AfD. Das Ausschlussverfahren gegen Höcke wird im September 2015 eingestellt.

Auf dem Höhepunkt der Flüchtlingskrise, ab Oktober 2015, ruft Höcke wöchentlich zu Demonstrationen vor dem Erfurter Dom auf. Der Dom ist dunkel – Bischof Ulrich Neymeyr will den fremdenfeindlichen Aufmärschen keine Bühne geben und schaltet die Lichter aus.

Höcke peitscht vor dem verdunkelten Dom die Menschen auf und beschwört das Ende Deutschlands. „Der Syrer, der zu uns kommt, hat noch sein Syrien, der Afghane, der zu uns kommt, hat noch sein Afghanistan", aber „wenn wir unser Deutschland verloren haben, dann haben wir keine Heimat mehr", klagt Höcke.

Kritiker sagen: Manche von Höckes Sprachbilder erinnern an die Worte von Nazi-Propagandaminister Joseph Goebbels. Etwa wenn Höcke bei einer Kundgebung in Magdeburg ausruft: „Ich will, dass Magdeburg und dass Deutschland nicht nur eine tausendjährige Vergangenheit haben. Ich will, dass sie noch eine tausendjährige Zukunft haben, und ich weiß, ihr wollt das auch." Bei einem TV-Auftritt bei Günther Jauch im Oktober 2015 drapiert Höcke eine Deutschlandfahne auf seiner Sessellehne, bezeichnet Flüchtlinge als „sozialen Sprengstoff" und redet von den „Angstträumen deutscher Frauen".

Im November 2015 hält Höcke eine Rede im Institut für Staatspolitik im thüringischen Schnellroda, eine Denkfabrik der Neuen Rechten. Dessen Gründer Götz Kubitschek und Höcke sind nach eigenem Bekunden befreundet. Höcke hat gesagt, er ziehe aus den Besuchen in Kubitscheks Rittergut „geistiges Manna".

Höcke referiert dort über den „lebensbejahenden afrikanischen Ausbreitungstyp" und erklärt sein gebrochenes Verhältnis zum Mauerfall. Er und sein Vater hätten beim Mauerfall geweint, weil nun die „multikulturelle Revolution" die über „Jahrhunderte gewachsene und belastbare Vertrauensgemeinschaft" in der ehemaligen DDR zu zerstören drohe.

Am 17. Januar 2017 hält Höcke im Dresdner Ballhaus Watzke eine Rede, die ihm das zweite Parteiausschlussverfahren beschert. Unter anderem sagt er: „Wir Deutschen, also unser Volk, sind das einzige Volk der Welt, das sich ein Denkmal der Schande in das Herz seiner Hauptstadt gepflanzt hat." Deutschland müsse eine „erinnerungspolitische Wende um 180 Grad" vollziehen; die „dämliche Bewältigungspolitik" müsse ein Ende haben. Die Bombardierungen deutscher Städte hätten „uns unsere kollektive Identität rauben", „uns mit Stumpf und Stiel vernichten" und „unsere Wurzeln roden" sollen. „Mit der nach 1945 begonnenen Umerziehung" habe man das auch fast geschafft.

Die Empörung ist riesig: Kurzzeitig wird gegen Höcke sogar wegen Volksverhetzung ermittelt, Justizminister Heiko Maas erklärt, hier zeige sich das „rechtsradikale Gesicht der Partei". Als Höcke Ende Januar versucht, an einer Gedenkfeier im ehemaligen KZ Buchenwald teilzunehmen, wird ihm dort Hausverbot erteilt; am gleichen Tag schließt ihn Thüringens Landtagspräsident von der Holocaust-Gedenkveranstaltung im Landtag aus.

Führende AfD-Parteimitglieder warnen, man könne durch solche Brandreden in das Visier des Verfassungsschutzes geraten. Frauke Petry erklärt, Höcke sei mit seinen „Alleingängen und ständigen Querschüssen zu einer Belastung für die Partei geworden". In einem Rundschreiben an alle AfD-Mitglieder kritisiert sie, dass seine Rede nicht nur „Sprengpotential für die Einheit der Partei, sondern insbesondere auch für das Demokratieverständnis der AfD" habe. Mitte Februar 2017 beschließt der AfD-Bundesvorstand die Einleitung eines Parteiausschlussverfahrens gegen Höcke.

Der will sich erst damit herausreden, er sei missverstanden worden – und rudert dann zurück. Auf dem Landesparteitag im thüringischen Arnstadt sagt er kurz darauf: „Ich habe ein großes, ein wichtiges Thema leider in einer Bierzeltrede vergeigt." Die Tonlage sei falsch gewesen. Er habe Interpretationsspielräume zugelassen. „Das war ein Fehler. Dafür möchte ich mich hier entschuldigen."

Doch auch diese Entschuldigung wirkt wie ein taktisches Manöver. Inhaltlich rückt er nicht von seinen Äußerungen ab. Fast zeitgleich wird bekannt, dass er am 13. Februar 2010 an einer Kundgebung von Rechtsextremisten zum Gedenken an die

Luftangriffe auf Dresden teilgenommen hat. Die Thüringer AfD bestätigt die Teilnahme Höckes an der Kundgebung.

Die AfD im Osten Deutschlands

Mit Alexander Gauland und André Poggenburg stehen zwei ostdeutsche Landesfürsten fest auf der Seite von Björn Höcke und seinem völkischen Flügel.

Immer wieder beschwört Höcke eine angebliche Islamisierung des Abendlandes – eine Angst, die in Ostdeutschland weit verbreitet ist. Wobei der Ausländeranteil in den neuen Bundesländern unter vier Prozent liegt; der Anteil der Muslime ist sogar noch viel geringer. In Thüringen, mit seinen 2,1 Millionen Menschen, leben auch nach dem Flüchtlingszuzug unter 10.000 Muslime – weniger als 0,5 Prozent der Bevölkerung.

Nichtsdestotrotz heizt Höcke immer wieder die Stimmung gegen Muslime an – etwa bei seiner Kampagne gegen den Bau einer Moschee in Erfurt, geplant von der moderaten Ahmadiyya-Gemeinde. Im Sommer 2016 kündigt die Thüringer AfD an, 100.000 selbst verfasste Taschenbücher mit „Fakten und Argumenten" über den Islam zu verteilen, in dem auch erklärt werde, warum der Islam keine reine Religion wie das Christentum sei.

Im Jahr 2017 ist die AfD in allen fünf östlichen Bundesländern parlamentarisch vertreten. Und in allen Landtagen sind Abgeordnete der AfD durch Skandale aufgefallen.

In Brandenburg melden sich die Spitzenpolitiker der AfD-Fraktion im Dezember 2016 nicht mal bei der Generaldebatte zum

Etat der Staatskanzlei zu Wort. Die Debatte um den Etat des Ministerpräsidenten zählt zu den zentralen Auseinandersetzungen in einer Demokratie. Zur Aussprache über den Sozialhaushalt im Landtag erscheint keiner der zehn AfD-Abgeordneten, auch liegen keine Anträge der Partei zu diesem Thema vor.

Stattdessen fällt die Fraktion mit einem Zwischenruf auf: Der AfD-Abgeordnete Andreas Kalbitz nennt einen CDU-Abgeordneten einen „Goebbels für Arme". Kalbitz wird des Landtags verwiesen.

Marcus Pretzell

> *„Wann schlägt der deutsche Rechtsstaat zurück? Wann hört diese verfluchte Heuchelei endlich auf? Es sind Merkels Tote!#-Nizza#Berlin"*
> **auf Twitter, am 19. Dezember 2016**

Als die Stimmen der Europawahl 2014 ausgezählt werden, geht es für Marcus Pretzell um alles. Ein Reporter der „Jungen Freiheit" beobachtet seine Gefühlsachterbahn aus nächster Nähe. „Marcus Pretzell zuckt zusammen und fährt sich mit den Fingern durch die Haare. Gebannt schaut der Rechtsanwalt aus Bielefeld auf einen Großbildschirm im Berliner Maritim-Hotel und muss mit ansehen, wie sein Traum von einem Sitz im Europa-Parlament wieder ins Wanken gerät." Erst am späten Abend ist klar, dass die AfD sieben Prozent der Stimmen erhält – und Pretzell als Abgeordneter nach Brüssel ziehen kann.

Wie ein Stier hat Pretzell zuvor AfD-intern um die Kandidatur gekämpft. Er kann dieses Amt gut gebrauchen. Pretzell, Vater von vier Kindern, ist Rechtsanwalt in Bielefeld und führt dort die Maloony Projektentwicklung GmbH, eine Immobilienentwicklungsgesellschaft. Ein Jahr nach der Europawahl berichtet die „FAZ", dass sich Pretzell in finanzieller Schieflage befindet. Die Wirtschaftsauskunftei Creditreform nennt ihn einen unzuverlässigen Schuldner, das Kredit-Ausfallrisiko gibt Creditrefrom für die Kanzlei mit 94 Prozent an, für die Immobilienentwicklungsgesellschaft mit 80 Prozent.

Der Aufforderung, einen Offenbarungseid zu leisten, kommt Pretzell im Oktober 2014 und Januar 2015 nicht nach. Das geht aus Eintragungen in das Schuldnerregister durch das Vollstreckungsgericht Bielefeld hervor, die der „FAZ" vorliegen. Auf Anfrage teilt Pretzell mit, dass er nie pleite gewesen sei, keine Auskünfte über sein Vermögen in einer eidesstattlichen Erklärung abgegeben habe und sich dazu nicht weiter äußern wolle, weil alles bereits bekannt sei.

Eine parteiinterne Untersuchung kommt später zu dem Schluss, dass bei Pretzell privat „chaotische Zustände" herrschten. Pretzell sei überfordert damit, gleichzeitig Europa-Abgeordneter und Landesparteichef in NRW zu sein. Aufgrund „tätiger Reue" seien aber keine parteienrechtlichen Konsequenzen erforderlich. Heute sagt Pretzell, er „sei nie pleite" gewesen und er habe keine Auskünfte über sein Vermögen in Form einer eidesstattlichen Erklärung abgegeben.

Von Anfang an positioniert sich Pretzell gegen die Parteigründer Lucke und Henkel. Trotzdem steigt er in der AfD auf. Im März 2014 rückt er zeitweilig in den AfD-Bundesvorstand vor, im Juni 2014 wird er AfD-Vorsitzender in NRW.

Gemeinsam betreiben Pretzell und Petry im Jahr 2015 die Abwahl von Parteigründer Lucke. Pretzell ruft den Delegierten zu: „Wir hatten die Diskussion, sind wir die Euro- oder die Pegi-da-Partei? Wir sind beides!"

Im Frühjahr 2016 schließt sich Pretzell im Europa-Parlament der rechtspopulistischen ENF-Fraktion an, sie wird geführt von Marine Le Pen, der Chefin des französischen Front National. Seine Mitstreiterin Beatrix von Storch, die zweite AfD-Abgeordnete in Brüssel, gehört einer anderen Fraktion an, der EFDD um den Brexit-Vorkämpfer Nigel Farage.

Im April 2016 besucht Pretzell als Europaabgeordneter die von Russland annektierte Krim. Unter anderem trifft er Sergei Aksjonow, den „Präsidenten der Krim" – der auf der EU-Sanktionsliste steht. Die Reise führt zu einer offiziellen Protestnote der Ukraine gegenüber Deutschland. Später wird bekannt, dass der russische Veranstalter die Reise bezahlt hat, und dass Pretzell Fakten zur Reise dem EU-Parlament erst auf Druck der Ethikkommission liefert. Im EU-Parlament hat Pretzell gegen die Russland-Sanktionen gestimmt.

Im Mai 2017 wird in Nordrhein-Westfalen gewählt. Spitzenkandidat für die Landtagswahl ist Marcus Pretzell. NRW ist das bevölkerungsreichste Bundesland, die AfD hat hier dreimal so viele Mitglieder wie in Brandenburg und Thüringen. Daraus leitet Pretzell einen Führungsanspruch gegenüber Gauland und Höcke ab.

Auch durch gezielte Provokationen bringt sich Pretzell der Öffentlichkeit regelmäßig in Erinnerung. Nach dem Anschlag auf den Berliner Weihnachtsmarkt am 16. Dezember 2016 twittert er, noch bevor irgendwelche Ermittlungsergebnisse vorliegen: „Wann schlägt der deutsche Rechtsstaat zurück? Wann hört diese verfluchte Heuchelei endlich auf? Es sind Merkels Tote!"

Die AfD in Nordrhein-Westfalen

Der NRW-Landesverband ist gespalten. Ab September 2016 trifft sich die Wahlversammlung der AfD in mehreren westfälischen Kleinstädten, um mühsam die Liste für die Landtagswahl im Mai 2017 zu bestimmen. Gleich bei der Wahl des Spitzenkandidaten schlittert Pretzell nur knapp an einer Blamage vorbei. Gegen den blassen Gegenkandidaten Thomas Röckemann holt er nur 54 Prozent der Stimmen.

Der damalige AfD-Vorsitzende des Rhein-Sieg-Kreises, Thomas Matzke, gibt freimütig zu, die Offensive gegen Pretzell organisiert zu haben. Matzke gehört der Patriotischen Plattform in der AfD an und steht dem völkischen Flügel um Höcke und Gauland nahe. Pretzells Gegenkandidat Röckemann wird demonstrativ aus dem AfD-Bundesvorstand unterstützt. Beatrix von Storch und Alice Weidel treten mit ihm gemeinsam auf.

Inzwischen haben sich Pretzells Gegner darauf eingeschossen, die Legitimität der Landesliste in Frage zu stellen. Im November 2016 veröffentlicht der „stern" Protokolle einer WhatsApp-Gruppe. Aus ihnen geht hervor, mit welch rüden Methoden Strippenzieher aus dem Pretzell-Lager die Wahlgänge zur Landesliste steuern. Rednermikrofone werden besetzt, Fragerunden manipuliert, Kandidaten unter Druck gesetzt. Pretzell sagt, dass er weder Teil der Gruppe war noch von ihr wusste. Allerdings sind seine engsten Verbündeten an der Orchestrierung der Wahlgänge beteiligt, selbst Mitglieder der Zählkommission sind dabei.

Zudem wird bekannt, dass eine Wahlhelferin Stimmzettel vernichtet hat. Pretzell spricht daraufhin von „Wahlfälschung" und droht mit dem Staatsanwalt.

Die Gegner von Petry und Pretzell nutzen die Affäre für einen offenen Angriff auf den NRW-Landesverband. Und damit auf die Machtbasis von Pretzell und Petry.

Gauland und Höcke, die Wortführer des völkischen Flügels und geübt im Vergießen von Krokodilstränen, beklagen in einer offiziellen Stellungnahme die Zerrissenheit der Partei in NRW. Die Machtkämpfe würden mit „unlauteren Mitteln" ausgetragen, die Methoden widersprächen dem Geist der AfD.

Im November entscheidet eine Sitzung der AfD-Wahlversammlung, mit über 400 anwesenden Delegierten, man wolle eine Neuwahl dieser Liste. Martin Renner, der gleichberechtigt mit Pretzell den Landesverband NRW leitet, schließt sich dem an. Renner ist Gründungmitglied der AfD, wird zum völkischen Lager gerechnet und sagt, dass Kanzlerin Merkel zusammen mit links-grünen Ideologen die „Identität des deutschen Volkes"zerstöre. Auch Renner will sichergehen, dass alles mit rechten Dingen zugeht – und nicht riskieren, dass kurz vor oder nach der Landtagswahl die Behörden das Ergebnis annullieren.

Pretzell gelingt es mit größter Mühe, sich gegen eine solche Neuwahl der Landesliste durchsetzen. Aber der Preis ist hoch. Die AfD geht nun mit einer Landesliste in den NRW Wahlkampf, der eine Mehrheit der eigenen Abgeordneten misstraut.

Die Affäre spaltet den Landesverband. Ende Januar 2017 scheitert Pretzell auf dem Parteitag in Oberhausen damit, seinen Widersacher Renner aus dem Amt zu jagen. Erst wird hinter verschlossenen Türen – die Presse ist ausgeschlossen – stundenlang schmutzige Wäsche gewaschen. Dann stimmt eine knappe Mehrheit für die Abwahl Renners. Doch der Rauswurf scheitert, nötig wäre eine Zweidrittelmehrheit. Die beiden Kontrahenten teilen sich bis auf weiteres den Landesvorsitz.

Ende Februar 2017 erleidet Pretzell eine weitere Niederlage. Renner erkämpft sich gegen den Willen Pretzells den ersten Platz auf der Landesliste für den Bundestag. „Die Zuwanderung ist eine als humanistisch getarnte Selbstzerstörung der deutschen Kultur und Nationalität", wettert Renner in Essen und verteidigt Höckes Dresdner Skandalrede. Höcke habe die richtigen Themen gesetzt, sich lediglich in der Form vergriffen, sagt Renner. Auch er selbst kämpfe seit Jahren gegen den „Schuldkult". Die Gräben im Landesverband werden vertieft.

Vor allem auf die Wählerklientel der SPD haben es Pretzell und Co. bei der NRW-Landtagswahl abgesehen. Dabei bauen sie auf Guido Reil, Gewerkschafter und Bergmann. Er soll Wähler aus dem Ruhrgebiet mobilisieren. Reil stammt aus dem Essener Norden und wechselt 2016 mit öffentlicher Aufmerksamkeit von der SPD zur AfD – angeblich vor allem, weil er unzufrieden ist mit der Verteilung der Flüchtlingsunterkünfte in Essen. Die seien vor allem im armen Norden errichtet worden, nicht im wohlhabenderen Süden der Stadt.

Reil verbündet sich mit der Arbeitnehmervertretung innerhalb der AfD und erringt so überraschend den aussichtsreichen Listenplatz 26. Bei der Kandidatenaufstellung sagt Reil, er sei ein „nationaler Sozialdemokrat".

Das Wahlprogramm für NRW klingt arbeitnehmerfreundlich. Das Arbeitslosengeld I soll verlängert werden, die Leiharbeit in Betrieben auf 15 Prozent der Belegschaft begrenzt werden. Migranten, so das Programm, gehen dagegen leer aus: „Eine finanzielle Gleichstellung von vormals jahrelang Erwerbstätigen und in die Sozialsysteme Zugewanderte wird abgelehnt."

In seiner Vorstellungsrede auf der Wahlversammlung in Rheda-Wiedenbrück im November 2017 sagt Reil: „Ich trage es der SPD nach, dass sie meine Heimat, das Ruhrgebiet, vor die Hunde gehen lassen hat, und eines schwöre ich euch, ich werde alles dafür tun, dass die SPD in meiner Heimat, im Ruhrgebiet, jetzt vor die Hunde geht."

Jörg Meuthen

„Geben wir Bundesjustizminister Maas einmal recht, er hat gesagt, dass unser Parteiprogramm ein Fahrplan in ein anderes Deutschland ist. Das stimmt, und zwar in ein Deutschland, weg vom links-rot-grün verseuchten, man könnte auch sagen leicht versifften, 68er Deutschland, von dem wir die Nase voll haben"

AFD-Bundesparteitag, Stuttgart, 30. April 2016

Jörg Meuthen entstammt kleinbürgerlichen Verhältnissen und wächst in einem Arbeiterviertel in Essen auf. „Wir waren nicht reich, wir waren nicht arm. Wir waren irgendwo mittendrin im Mietshaus." So beschreibt er selbst seine Herkunft.

Heute will Meuthen Politik für Aufsteiger machen. Er sieht in der AfD „nicht nur eine Partei der Geringverdiener und Arbeitslosen", er wettert gegen eine „soziale Vollkaskomentalität". Selbst die FDP ist Meuthen zu „etatistisch", zu fixiert auf den Versorgungsstaat – weil die FDP der Pflegeversicherung zugestimmt hat.

Meuthen promovierte mit einer Schrift über die Kirchensteuer, seit 1997 unterrichtet er Volkswirtschaftslehre an der Hochschule für öffentliche Verwaltung in Kehl.

Sein Aufstieg in der AfD kommt für viele überraschend. Auf dem Parteitag in Essen im Juli 2015 braucht Frauke Petry, nach der Abwahl von Lucke, einen zweiten Bundesvorsitzenden, der den wirtschaftsliberalen Teil der „Professorenpartei" repräsentiert.

Petrys Wunschkandidat ist der Wirtschaftsprofessor Joachim Starbatty, der bereits 1997 vor dem Bundesverfassungsgericht gegen die Einführung des Euro geklagt hatte. Doch Starbatty gibt Petry einen Korb und verlässt zusammen mit Lucke die AfD. Petrys Wahl fällt daraufhin auf Jörg Meuthen, einen von drei Vorsitzenden des Landesverbandes Baden-Württemberg, den bis dahin kaum jemand kannte.

Anfangs steht Meuthen im Schatten der quirligen Petry und kann, wie er selbst sagt, weiterhin unerkannt Taxi fahren. Meuthen ist ein Analytiker, der auf viele etwas spröde wirkt. In Sachen öffentlicher Wirkung kann er Petry nicht das Wasser reichen.

Das ändert sich nach dem Wahlsieg der AfD in Baden-Württemberg im März 2016. Die AfD erhält 15,1 Prozent der Stimmen und verweist die SPD mit 12,7 Prozent auf den vierten Platz. Meuthen wird Fraktionsvorsitzender der größten Oppositionspartei im Stuttgarter Landtag. Seine Bedeutung wächst. Zwei Monate nach dem Wahlsieg lädt die AfD in Stuttgart zum Programmparteitag. Mit staatsmännischer Geste tritt Meuthen vor die Delegierten, erklärt die AfD zur „Volkspartei" und den Machtkampf innerhalb der Partei für beendet. „Einen zweiten Parteitag wie in Essen werden wir in dieser Partei nie wieder haben, wir lassen uns nicht auseinanderdividieren", ruft Meuthen den applaudierenden AfD-Mitgliedern zu.

Die Mitglieder springen von ihren Plätzen auf und klatschen. Meuthen, der unbekannte Lückenfüller, wird in Stuttgart zu einem politischen Schwergewicht innerhalb der AfD und tritt aus dem Schatten von Frauke Petry. Sein häufig zerknautscht wirkendes Gesicht bringt ihm parteiintern den Spitznamen „Teddybär" ein.

Am 8. Juni 2016 versammelt sich der rechtsnationale AfD-Flügel am Kyffhäuser, einem nationalistischen Denkmal aus der Zeit Kaiser Wilhelms II., das an den der Legende nach im Berg schlafenden Kaiser Barbarossa erinnert. Bernd Höcke beschwört an diesem Tag den „Furor Teutonicus" und die Entstehung eines „neuen Mythos" für das deutsche Volk. Er wirft den Altparteien „entartete Inhalte" vor.

Unter den Rednern ist auch Jörg Meuthen, der später sein „gemeinsames Wertefundament" mit dem völkischen AfD-Flügel betont. Er sei nicht das „liberale Feigenblatt", sondern ein „freiheitlicher Patriot". Wobei sich Meuthen auch deshalb mit

Höcke verbündet, weil er ihn als Verbündeten gegen Frauke Petry braucht.

Anfang Juni 2016 berichten Medien über antisemitische Schriften des baden-württembergischen AfD-Abgeordneten Wolfgang Gedeon. Nach kurzem Zögern greift Meuthen durch und fordert den Rauswurf Gedeons aus der Partei. Sollte Gedeon nicht ausgeschlossen werden, werde er, Meuthen, selbst als Fraktionschef im Stuttgarter Landtag zurücktreten. „Ich dulde keinen Antisemitismus in unserer Partei und unserer Fraktion. Einige Äußerungen von Wolfgang Gedeon sind nach meiner Überzeugung antisemitisch", sagt er am 9. Juni 2016.

Doch Meuthen erhält innerhalb der AfD-Fraktion nicht die erforderliche Zweidrittelmehrheit für einen Ausschluss Gedeons – auch, weil ihm Frauke Petry zwischenzeitlich in den Rücken fällt. Meuthen gründet mit zwölf Abgeordneten eine zweite AfD-Fraktion im Landtag. Selbst der Entschluss Gedeons, freiwillig aus der alten AfD-Fraktion auszutreten, kann die Spaltung nicht verhindern. Erst im Oktober 2016 vereinigen sich die beiden AfD-Fraktionen wieder. Meuthen ist angezählt. Zwar erhält er den Fraktionsvorsitz zurück, gibt aber den Posten als baden-württembergischer Landesvorsitzender auf. Und verzichtet auf weitere bundespolitische Ambitionen.

All diese Intrigen haben Meuthen nicht nur die Macht in der Partei gekostet, sondern wohl auch seine zweite Ehe. Im Dezember 2016 gibt Meuthen bekannt, dass er sich von seiner Frau trennt. Er ist Vater von fünf Kindern.

Die AfD in Baden-Württemberg

Immer wieder geht es in der Stuttgarter AfD-Fraktion hoch her. So sieht die AfD-Abgeordnete Christina Baum die Deutschen als Opfer eines Völkermordes. Im Mai 2016 sagt sie: „Ich stehe weiterhin zum Begriff des schleichenden Genozid an der deutschen Bevölkerung durch die falsche Flüchtlingspolitik der Grünen."

Der AfD-Abgeordnete Stefan Räpple schlägt als einen der Gutachter für die Schriften Wolfgang Gedeons den berüchtigten Holocaust-Leugner Gerard Menuhin vor, kann sich aber nicht durchsetzen. Räpple bezeichnet in einem Zwischenruf im Stuttgarter Parlament im November 2016 die Abgeordneten der anderen Fraktionen als „Volksverräter".

Die AfD-Abgeordnete Claudia Martin tritt im Dezember 2016 aus Fraktion und Partei aus, weil die AfD mit „rechtspopulistischen Aussagen" spiele und sich nicht abgrenze vom „Extremismus". Woraufhin Jörg Meuthen erklärt, Frau Martin sei mit ihrer Arbeit im Parlament überfordert gewesen.

Auch andere AfD-Mitglieder im Landesverband Baden-Württemberg positionieren sich weit rechtsaußen. Der Freiburger Rechtsanwalt Dubravko Mandic erklärt in einem Facebook-Post, die AfD unterscheide sich von der NPD „vornehmlich durch unser bürgerliches Unterstützungsumfeld, nicht so sehr durch die Inhalte". In einem anderen Facebook-Post hat Mandic die Köpfe der Grünen-Politiker Claudia Roth, Cem Özdemir und Anton Hofreiter auf ein Foto der Angeklagten beim Nürnberger Kriegsverbrecherprozess montiert.

Mandic ist im Landesverband von Baden-Württemberg Mitglied der Schiedskommission der AfD, die darüber befindet, ob Mitglieder wegen rechtsradikaler Tendenzen aus der Partei geworfen werden müssten.

Den ehemaligen US-Präsidenten Barack Obama nennt Mandic einen „Quotenneger". Er entgeht danach einem Parteiausschlussverfahren nur knapp. Nach einem Gespräch mit Meuthen sieht der ihm den rassistischen Ausfall „zähneknirschend" nach.

Alice Weidel

> *„Das muslimische Gemeinwesen ist einzig und allein auf die Errichtung eines Gottesstaates ausgerichtet. Ob es nun Minarette, Moscheen, Muezzinrufe, die Kleidungsordnung von Muslimen, die Einforderung von Geschlechtertrennung, das Einklagen von Kopftüchern im öffentlichen Dienst sind, ob Friedensrichter, Schariagerichtsbarkeit, Parallelgesellschaften, Ehrenmorde, Zwangsverheiratungen und die Akzeptanz von Kinderehen – all dies zielt nur auf eines: auf die Islamisierung unserer Gesellschaft."*
>
> **Gastbeitrag in der „Jungen Freiheit", Oktober 2016**

Auf den ersten Blick ist Alice Weidel das wirtschaftsliberale, freundliche Gesicht der AfD. Bei ihren häufigen Talkshow-Auftritten besticht sie durch Eleganz und Wortgewandtheit. Anders als etwa Beatrix von Storch polemisiert sie nicht, sondern hält sich lieber zurück. Das kommt gut an. Ihre Facebook-Seite ist voller Lobesbekundungen. „Ich hoffe ihr Einfluss auf die AfD macht die Partei auch für mich wählbar!", schreibt einer.

Alice Weidel

1979: geboren in Gütersloh

1990er: Studium der Betriebs- und Volkswirtschaftslehre, danach Arbeit für die US-Investmentbank Goldman Sachs

2007: Forschungsarbeit in China, Arbeit u.a. für die Bank of China

2012: Rückkehr von China nach Deutschland, Arbeit für Allianz Global Investors

2013: Eintritt in die AfD

2015: Mitglied des Bundesvorstands der AfD

2016: Wahl zur Spitzenkandidatin der AfD Baden-Württemberg für die Bundestagswahl im Herbst 2017

Alice Weidel fällt in der AfD vor allem durch zwei Dinge auf: Sie vertritt radikal wirtschaftsliberale Positionen und lebt in einer lesbischen Beziehung. Gemeinsam mit ihrer Partnerin zieht sie zwei Söhne auf, während die AfD in ihrem Parteiprogramm ausdrücklich das „traditionelle Familienbild" zum Leitbild erklärt und schreibt: „In der Fami- lie sorgen Mutter und Vater in dauerhafter gemeinsamer Verantwortung für ihre Kinder."

Fast sechs Jahre lang hat die Volkswirtin in China geforscht und gearbeitet. 2012 kommt sie zurück nach Deutschland und begeistert sich für ein neues Thema: die Euro-Krise. Sie ist strikt dagegen, dass die EU Kredite an Griechenland gibt und nennt das einen „Milliarden-Euro-teuren Holzweg". Nur eine Partei ist zu dieser Zeit strikt gegen die Griechenlandkredite: die AfD. Noch im Gründungsjahr 2013 tritt Weidel der Partei bei und macht schnell Karriere. 2017 wird sie die AfD in Baden-Württemberg als Spitzenkandidatin in den Bundestagswahlkampf führen.

Weidels Lieblingsthema ist bis heute der Euro. Er gehöre abgeschafft, stattdessen möge man eine „D-Mark 2.0" einführen und darüber ein Referendum abhalten. Überhaupt fordert sie für Deutschland mehr direkte Demokratie, Volksentscheide nach Schweizer Vorbild. Von ihrem Wohnort Überlingen am Bodensee kann man die Schweiz sehen.

Als Ökonomin orientiert sich Weidel an dem 1992 verstorbenen Friedrich von Hayek, dem wichtigsten Vertreter der liberalen Österreichischen Schule, auf den sich schon Augusto Pinochet, Ronald Reagan und Margret Thatcher beriefen. Hayeks These: Nicht nur der Sozialismus, auch der demokratische Fürsorgestaat führt in eine Planungsspirale, an deren Ende der Staat für alles zuständig sei. Am Ende stehe auch hier die Unfreiheit. Der Weg zur Knechtschaft sei mit gut gemeinten, sozialen Zielen gepflastert. Die Lösung: Der Staat habe sich aus dem allermeisten herauszuhalten. Niedrige Steuern, niedrige Sozialausgaben, der Markt werde es schon richten.

Das führt dazu, dass Hayek-Anhänger etwa den Klimaschutz ablehnen, weil auch der eine zu große Einmischung des Staates

in die Wirtschaft bedeute. Auch Weidel ist gegen die Energie-
wende.

Liberal ist Weidel aber nicht nur in wirtschaftspolitischen Fragen, sondern auch in gesellschaftlichen. Die ARD-Moderatorin
Sandra Maischberger hatte in ihrer Sendung am 16. März 2016
Alice Weidel als lesbisch geoutet. Weidel sagte daraufhin, man
müsse zwischen Privatem und Politik trennen. Ihre Lebensge-
fährtin, mit der sie ihre Söhne aufzieht, ist Schweizerin. Wegen
ihres Lebenslaufs, ihrer Homosexualität und ihrer wirtschaftsliberalen Einstellung wird Weidel manchmal gefragt, ob sie in der
falschen Partei sei. Das wehrt Weidel ab. In Bezug auf die AfD
sagt sie nur: „Familienpolitische Sprecherin werde ich bestimmt
nie werden."

So besonnen sie bei ihren Talkshow-Auftritten wirkt, so radikal
sind viele ihrer Positionen. Auf ihrer Facebook-Seite polemisiert
sie: „Ganz Deutschland ist Dank Angela Merkel zum kriminellen Hotspot geworden". Täter würden immer wieder „südlän-
disch" aussehen. Sie spricht von einer „Asylkatastrophe". Ende
Oktober 2016 schreibt sie auf Facebook, deutsche Steuerzahler
würden einem „Millionenheer von ungebildeten Migranten aus
dem Nahen Osten und Afrika eine Rundumsorglos-Vollversor-
gung finanzieren". Der Islam ist für sie eine „archaische Kultur".
In einem Gastbeitrag für die „Junge Freiheit" schreibt Weidel im
Oktober 2016: Es dürfe „keine prinzipielle Religionsfreiheit" für
den Islam geben, weil es ein „vollständiger Lebens- und Gesell-
schaftsentwurf" sei. An einem Treffen der AfD-Spitze mit dem
deutschen Zentralrat der Muslime nimmt sie nicht teil – aus
Protest dagegen, dass Zentralratschef Mazyek die Islamfeind-
lichkeit der AfD mit dem Antisemitismus der Nationalsozialisten verglichen hat.

Mit den völkischen Aussagen mancher Parteigenossen distanziert sich Alice Weidel aber. Über Björn Höcke sagte sie öffentlich im April 2016: „Ich kann mit diesem völkischen Gerede nichts anfangen, und das ist auch enorm schädlich für die AfD." Nach Höckes umstrittener Dresdner Rede im Januar 2017 unterstützt sie den Antrag, ihn aus der Partei auszuschließen.

Alexander Gauland

> „Das aber setzt voraus, dass die Deutschen wieder eine Tatsache der Weltgeschichte akzeptieren lernen, die Bismarck in seiner ersten Regierungserklärung als preußischer Ministerpräsident 1862 in die berühmten Worte fasste: „Nicht durch Reden und Majoritätsbeschlüsse werden die großen Fragen der Zeit entschieden – das ist der große Fehler von 1848 und 1849 gewesen – sondern durch Eisen und Blut."
>
> **Gastbeitrag im „Tagesspiegel", 23. Juli 2012**

Alexander Gauland wünscht sich eine starke nationale Identität, so, wie er sie in Großbritannien oder Frankreich beobachtet. England müsse sich „nicht mit Auschwitz herumschlagen", sagte Gauland einmal der „Zeit". Gerade die Engländer haben es ihm sichtlich angetan: Besonders gern trägt Gauland Jacketts aus traditionellem Tweed. Man erkennt es auch an den Büchern, die er vor vielen Jahren geschrieben hat, über „Gemeine und Lords" etwa und die britische Königsfamilie, „Das Haus Windsor".

Geboren wird Gauland 1941 in Chemnitz. Weil er in der DDR keinen Studienplatz erhält, flieht er 1959 über West-Berlin nach Hessen. In der Rückschau stellt sich das so dar: „Ich bin Deut-

Alexander Gauland

1941 geboren in Chemnitz

1959 Flucht über West-Berlin nach Hessen.

1971 Eintritt in die CDU

1987-1991 leiter er die Hessische Staatskanzlei unter Ministerpräsident Walter Wallmann (CDU). Jahrelanger Rechtsstreit, weil er versucht hat, einen SPD-Ministerialrat zu versetzen um Platz für einen Parteifreund zu schaffen („Gauland-Affäre").

1991-2005 Mitherausgeber der Märkischen Allgemeinen (Postdam).

2013-2015 Gemeinsam mit Konrad Adam und Bernd Lucke Bundessprecher der AfD.

seit 2014 Vorsitzender der AfD Brandenburg

Gauland gilt als Gegner von Frauke Petry und als Vertreter des völkischen Flügels innerhalb der AfD, wie Björn Höcke und Andre Poggenburg.

Das größte öffentliche Echo bekam Gauland mit seiner Bemerkung im Jahr 2016 in der „FAZ am Sonntag", dass die Leute Jerome Boateng zwar als Fußballspieler gut fänden, aber „einen Boateng nicht als Nachbarn haben" wollen.

scher. Und ich bin von Deutschland nach Deutschland gegangen", sagt er der „Berliner Zeitung".

1971 tritt Gauland in die CDU ein. Von 1987 bis 1991 leitet er die Hessische Staatskanzlei unter Walter Wallmann.

Anschließend pausiert Gaulands politische Karriere für zwei Jahrzehnte. Er wird Geschäftsführer und Herausgeber der in Potsdam erscheinenden „Märkischen Allgemeinen". Dann, 2012, nimmt er an Treffen des „Berliner Kreises" teil, einer Gruppe von CDU-Mitgliedern, die ihre Partei gern konservativer, marktliberaler und christlicher hätten.

In dieser Zeit schreibt Gauland Kolumnen für den Berliner „Tagesspiegel". Im Dezember 2012 zum Beispiel über „Offenen Meinungskampf". Gauland beschreibt darin, wie „vom Mainstream abweichende" Positionen in Deutschland nicht geduldet werden. Im Jahr darauf tritt er aus der CDU aus – und gründet gemeinsam mit dem ehemaligen CDU-Mitglied Bernd Lucke die AfD. Seit 2014 steht Gauland der AfD-Fraktion im Brandenburger Landtag vor; zugleich ist er stellvertretender Bundesvorsitzender der Partei.

Sein Verhältnis zu Frauke Petry ist angespannt. Gauland wird dem völkischen Flügel der AfD zugerechnet, den Höckes und Poggenburgs. Selbst Petrys Treffen mit Marine Le Pen vom französischen Front National kritisiert Gauland. Weil ihm gesagt werde, die Partei habe „stark sozialistische Züge".

Im Februar 2016 sagt er der „Zeit": „Wir müssen die Grenzen dicht machen und dann die grausamen Bilder aushalten", man könne sich nicht von Kinderaugen erpressen lassen. Dafür kritisiert ihn sogar seine Tochter Dorothea Gauland, Pfarrerin in Rüsselsheim. „Schrecklich" findet sie die Aussagen ihres Vaters, sagt sie im Februar 2016 der „Zeit". Sie selbst hat einen Flüchtling aus Eritrea aufgenommen.

Ihren Vater bremst das nicht. Der fordert im Sommer 2016, nach dem Terroranschlag in Nizza: Das „Asylrecht für Muslime" solle „umgehend ausgesetzt werden".

Aufregung löst Gauland mit einem Interview in der „Frankfurter Allgemeinen Sonntagszeitung" aus. Die zitiert ihn im Sommer 2016 mit den Worten, dass die „Leute" Jerome Boateng zwar als Fußballspieler gut fänden, aber „einen Boateng nicht als Nachbarn haben" wollen. Das ist kurz vor der Fußball-EM in Frankreich. Eine Welle der Empörung schwappt durchs Land. Gauland versucht zuerst, sich damit herauszureden, dass in dem Gespräch mit den Journalisten der Name Boateng gar nicht gefallen sei, „dessen gelungene Integration und christliches Glaubensbekenntnis mir aus Berichten über ihn bekannt sind". Später berichtet die „FAZ", Gauland habe in einer Email an AfD-Parteimitglieder geschrieben, dass das Zitat doch gefallen sein „mag".

Im Dezember 2016 richtet sich Gaulands Sorge um deutsche Traditionen auf die deutsche Küche. Da erklärt er, er wolle umstrittene Begriffe wie „Mohrenkopf" oder „Zigeunerschnitzel" wieder in Gebrauch bringen.

Beatrix von Storch

Nachfrage eines Facebook-Nutzers: „Wollt ihr etwa Frauen mit Kindern an der grünen Wiese den Zutritt mit Waffengewalt verhindern?" Antwort von Storch: „Ja."

auf ihrer Facebookseite, am 31. Januar 2016

Beatrix Amelie Ehrengard Eilika von Storch, geborene Herzogin von Oldenburg, erblickt 1971 in Lübeck das Licht der Welt. Von Storch wächst im holsteinischen Örtchen Kisdorf auf, interessiert sich aber schon früh für den Konservatismus im weit entfernten Bayern. Von der siebten Klasse an liest sie das CSU-Parteiblatt „Bayern-Kurier". Das sei „rebellisch" gewesen, erinnert sie sich später, denn: „Wer das las, wurde schnell zum politischen Außenseiter."

Nach dem Abitur studiert sie Jura in Heidelberg und Lausanne. Parallel engagiert sie sich in dem Verein „Göttinger Kreis – Studenten für den Rechtsstaat". Dessen Ziel: Die Enteignung der ostdeutschen Großgrundbesitzer und Adligen nach dem Krieg wieder rückgängig zu machen. Obwohl diese Enteignungen in den Verhandlungen zur deutschen Wiedervereinigung ausdrücklich bestätigt wurden. Von Storch sieht darin einen „Verfassungsbruch der Regierung Kohl-Schäuble". Die Großgrundbesitzer seien „von Parlament, Gerichten und Öffentlichkeit aus der Rechtsgemeinschaft ausgeschlossen" worden.

Politisch dringt sie mit diesem Anliegen nicht durch. Aber sie lernt in diesem Verein ihren späteren Mann Sven von Storch kennen, mit dem sie 17 Jahre lang zusammen lebt, ehe die beiden im Oktober 2010 heiraten.

Dabei ist die kinderlose von Storch in Familiendingen eigentlich äußerst konservativ. Die Familie, traditionell mit Vater, Mutter, Kindern, sei „Keimzelle der Gesellschaft". Ehen unter Homosexuellen lehne sie ab, das Modell der eingetragenen Partnerschaften finde sie hingegen „gut". Zudem kämpft sie gegen Abtreibungen. Seit 2008 findet in Berlin jährlich der sogenannte „Marsch für das Leben" radikaler Christen statt, eine Demonstration gegen Schwangerschaftsabbrüche, Sterbehilfe, Stammzellenforschung, Präimplantationsdiagnostik. Mehrfach lief sie ganz vorn mit.

2014 wird Beatrix von Storch in das EU-Parlament gewählt. Seit Januar 2016 steht sie dem Berliner AfD-Landesverband vor. Immer wieder hört man von anderen AfD-Abgeordneten, die alles Mögliche machen, außer ihrer parlamentarischen Arbeit nachzugehen. Nicht so von Storch. In Brüssel ist sie präsent und mischt sich häufig in die Debatten ein. Unter anderem sitzt sie im Ausschuss für Frauenrechte und Gleichberechtigung, auch im Ausschuss für Justiz und Inneres arbeitet sie mit. Bei Abstimmungen votiert sie meist mit Nein. Zum Beispiel gegen eine „Ganzheitliche EU-Strategie für Einwanderung".

Innerhalb der AfD steht Beatrix von Storch zwischen den Lagern. Diverse Unstimmigkeiten trennen sie von Frauke Petry, auch zum völkischen Flügel um Björn Höcke hält sie Distanz. Wirtschaftspolitisch folgt sie dem Neoliberalismus. Sie ist Mitglied in der Friedrich von Hayek-Gesellschaft, ihr Berliner Landesverband fordert in seinem Wahlprogramm von 2016 die Abschaffung des Mindestlohns.

Den Klimawandel hält sie für unerheblich. 2009 schreibt sie auf Facebook, wir sollten „zur Rettung des Weltklimas besser die

Ozeane zubetonieren". Die Ozeane seien schließlich für 95 Prozent des CO_2-Ausstoßes verantwortlich.

Ein Thema, zu dem sie immer wieder zurückkehrt: Einwanderung. Ende Januar 2016 hatte auf Facebook ein Nutzer sie gefragt: „Wollt ihr etwa Frauen mit Kindern an der grünen Wiese den Zutritt mit Waffengewalt verhindern?" Darauf schreibt Beatrix von Storch: „Ja".

Ihr ursprünglicher Facebook-Beitrag zählte jene Gesetze auf, die den Einsatz von Schusswaffen zur Grenzsicherung rechtfertigen. Damit springt von Storch ihrer Parteifreundin Frauke Petry zur Seite, die sich zuvor dafür ausgesprochen hatte, die Grenzen notfalls mit Waffengewalt zu sichern.

Als nun ein Orkan der Entrüstung über von Storch fährt, rückt auch Petry von ihr ab. „Was Beatrix gesagt hat, war katastrophal", sagt sie dem Klatschblatt „Bunte". Wenig später wird von Storch von ihrer christlich-konservativen Fraktion EKR in Brüssel zum Austritt aufgefordert. Sie tritt daraufhin der Rechtsaußen-Fraktion EFDD bei, der unter anderem Brexit-Wortführer Nigel Farage angehört. Auch die Hayek-Gesellschaft fordert sie zum Austritt auf, beantwortete Fragen dazu aber nicht.

Anfang Dezember 2016 sagt von Storch: Wenn sich die „Masseneinwanderung" nicht im Rahmen der Genfer Konvention für Flüchtlinge stoppen lasse, sollte die Konvention aufgelöst oder neu verfasst werden.

Bis heute überschattet eine Ungereimtheit ihre Karriere: 2012 hebt ihr Mann Sven von Storch innerhalb weniger Wochen 98.000 Euro vom Konto des von ihm und seiner Frau geleiteten Vereins Zivile Koalition ab – sieben Mal 14.000 Euro. Die Sache kommt 2013 heraus, als Vereinsmitglieder Kontoauszüge der Tageszeitung „Die Welt" zuspielen. Das Ehepaar erklärt, das Geld werde nun in einem Bankschließfach aufbewahrt, damit der Verein auch liquide sei, falls ein „Bank Run" stattfinden würde – wenn also plötzlich viele Menschen gleichzeitig alles Bargeld von den Banken abziehen.

André Poggenburg

„Linksextreme Lumpen sollen und müssen von deutschen Hochschulen verbannt und statt eines Studienplatzes lieber praktischer Arbeit zugeführt werden. Nehmen Sie die linksextreme Bedrohung ernst und beteiligen Sie sich an allen möglichen Maßnahmen, um diese Wucherung am deutschen Volkskörper endgültig loszuwerden."

Rede im Landtag von Sachsen-Anhalt am 3. Februar 2017

André Poggenburg, AfD-Chef in Sachsen-Anhalt, hat das bisher beste Wahlergebnis für seine Partei bei einer Landtagswahl erzielt: Im Juni 2016 zieht die AfD mit 24,3 Prozent der Stimmen in das Parlament in Magdeburg ein.

Poggenburg sagt, er sei „nationalkonservativ". Er gehört dem völkischen Flügel um Björn Höcke an. Er polarisiert sogar unter den eigenen Kameraden. Im Sommer 2015 treten zehn Mitglieder aus der AfD aus, um gegen Poggenburg zu protestieren. In einem offenen Brief schreiben sie: „Wir können nicht mehr Mitglied einer Partei sein, in deren Vorstand mit André Poggenburg mindestens ein Mitglied gewählt wurde, der als AfD-Funktionär auf Veranstaltungen gemeinsam mit Neonazis aufgetreten ist."

Hintergrund ist eine Veranstaltung des rechten „Compact"-Magazins in Tröglitz, südlich von Leipzig. Kurz, nachdem dort ein Brandanschlag auf eine geplante Flüchtlingsunterkunft verübt wurde. Neben Poggenburg und „Compact"-Chefredakteur Jürgen Elsässer sitzt ein NPD-Funktionär auf dem Podium. Poggenburg rechtfertigt sich später, dass er von der rechtsextremen Einstellung seines Mitdiskutanten nichts gewusst habe.

Der 41-Jährige wohnt auf einem ehemaligen Rittergut in Nöbeditz bei Leipzig und gehört dem AfD-Bundesvorstand an. Gemeinsam mit Höcke und Gauland hat er 2015 die „Erfurter Resolution" auf den Weg gebracht, die in der AfD eine „Widerstandsbewegung gegen die weitere Aushöhlung der Souveränität und der Identität Deutschlands" sieht. Die Resolution trägt zur Spaltung der Partei bei, zum Austritt der Gründer um Lucke, Henkel und Starbatty und begründet den völkischen Flügel in der AfD.

Anfang 2016 sagt Poggenburg: „Deutschland ist im Begriff, sich selber aufzulösen, Deutschland verliert seine nationale Identität!" Von Höckes Dresdner „Denkmal der Schande"-Rede im Januar 2017 distanziert er sich nicht inhaltlich, sondern nennt sie nur „unglücklich und nicht zielführend". Denn: „Den Menschen brennt momentan die aktuelle Asylpolitik unter den Nägeln und nicht die Geschichtspolitik."

Auch Poggenburg steckt, bevor er Karriere in der AfD macht, in finanziellen Schwierigkeiten – genau wie Frauke Petry und Marcus Pretzell. Mit seinem Vater leitet er eine Firma, die Autokühler vertreibt. Weil er Schulden nicht begleicht und sich weigert, einen Offenbarungseid zu leisten, erlässt ein Gericht vier Haftbefehle gegen Poggenburg. Er redet sich Anfang 2016 damit heraus, dass er die Schreiben nicht erhalten habe – sein Briefkasten sei mehrmals zerstört worden, seit ein AfD-Aufkleber daran klebt. Wobei jedem Haftbefehl eine Vielzahl von Mahnungen vorausgeht. Bei vier Haftbefehlen muss also eine Menge Post abhandengekommen sein.

Nach Informationen der Zeitung „Welt" ist Poggenburgs Firma nicht kreditwürdig. Poggenburg interpretiert das in einer Rede vor seinen Parteikollegen so: Seine Firma schaffe es ohne die Banken, sie sei „vollkommen darlehensfrei". Dennoch gibt er Anfang 2016 bekannt, dass die Firma keine Aufträge mehr annehmen wird.

Bevor das alles herauskommt, sagt Poggenburg dem „Compact"-Magazin über seinen Einstieg in die Politik: „Aus Karrieregründen hätte ich das nicht nötig." Während es in anderen Parteien Leute gebe, „die könnten ohne Mandat oder Parteijob zum Sozialfall werden".

Im Parlament in Magdeburg gehört er dem Sozial- und Gesundheitsausschuss an. Aber er ist oft nicht da. Von den fünf Sitzungen in 2016 fehlte er bei dreien. Dabei dauern sie bloß eine Stunde.

Josef Dörr

> „Wir spüren eine tiefe Glut in uns. Diese Glut ist nicht die Glut einer ohnmächtigen Wut, es ist die Glut einer mächtigen Wut. An ihr werden wir das Feuer entfachen. Die Missstände in unserem Land sind der Wind, der diese Glut entfacht. Eine Flamme kommt zur anderen Flamme. Die Flammen wachsen zu einem Flammenmeer und schließlich zu einem Feuersturm.

Dieser Feuersturm wird alles hinwegfegen und vernichten, was schlecht ist: Filz und Korruption, aber auch Ängstlichkeit, Verzagtheit und Mutlosigkeit."

AfD-Parteitag Saarbrücken, 26. April 2015

Im Mai 2016 wird der AfD-Landesverband Saar auf Drängen von Frauke Petry kurzzeitig aufgelöst. Weil Josef Dörr und Lutz Hecker, die beiden Vorsitzenden, enge Kontakte zu rechtsextremen Gruppen und Neonazis unterhalten haben, wie das Magazin „stern" herausfand. Doch Petry kann sich nicht durchsetzen: Das Schiedsgericht der AfD urteilt ein halbes Jahr später, es sei „unverhältnismäßig", den Saar-Landesverband wegen Handlungen einzelner aufzulösen. Bei Redaktionsschluss war Dörr weiterhin Landesvorsitzender.

Dörr, 1938 geboren, wird Lehrer und leitet bis zu seinem Ruhestand mehrere Sonderschulen. Zuerst ist er mehr als 20 Jahre lang in der CDU. Dann gründet er eine Partei rechts davon, die Christlich Soziale Wähler Union. Bei der Bundestagswahl 1980 erhält sie 0,3 Prozent der Stimmen. Wenig später löst sie sich auf. Danach tritt Josef Dörr den Grünen bei. 2014 wechselt er von den Grünen zur AfD.

Schon seine pathetische Bewerbungsrede sorgt für gemischte Reaktionen. „Wir spüren eine tiefe Glut in uns", ruft Dörr den AfD-Mitgliedern entgegen. „Die Missstände in unserem Land sind der Wind, der diese Glut entfacht. Eine Flamme kommt zur anderen Flamme. Die Flammen wachsen zu einem Flammenmeer und schließlich zu einem Feuersturm".

Eine Gruppe um seinen Vorgänger Johannes Trampert, die den liberalen AfD-Flügel repräsentiert, distanziert sich in einem offenen Brief von der neuen Parteispitze und Dörrs „abstoßender" Rede. Seine Wahl führt zu einer Austrittswelle in der Saar-AfD. Weil seine Personalie einen „ganz klaren Rechtsruck" der Partei bedeute, sagt etwa Roland Wark, damals Schatzmeister an der Saar.

Kurz nach Redaktionsschluss für dieses Buch, im März 2017, findet im Saarland die nächste Landtagswahl statt. Spitzenkandidat ist Antiquitätenhändler Rudolf Müller. Er steht im Fokus der Justiz. Die Staatsanwaltschaft Saarbrücken ermittelt gegen ihn, weil er Nazi-Andenken gehandelt haben soll – darunter Orden und Lagergeld aus dem KZ Theresienstadt. Gegenüber der Nachrichtenagentur „dpa" sagt Müller, er habe die Hakenkreuze auf den Orden abgeklebt.

Im Februar 2017 stellt die Staatsanwaltschaft die Ermittlungen gegen Müller ein. Er habe in seinem Antiquitätengeschäft zwar Orden mit Hakenkreuzen und Geldscheine aus der NS-Zeit verkauft, sich damit aber nicht strafbar gemacht, teilt die Staatsanwaltschaft mit.

Markus Frohnmaier

> *„Ich sage diesen linken Gesinnungsterroristen, diesem Parteienfilz ganz klar: Wenn wir kommen, dann wird aufgeräumt, dann wird ausgemistet, dann wird wieder Politik für das Volk und nur für das Volk gemacht – denn wir sind das Volk, liebe Freunde."*
>
> **Rede am 28. Oktober 2015 in Erfurt**

Markus Cornel Frohnmaier hat es in der AfD weit gebracht. Der 26-jährige, glatzköpfige Mann war bis Anfang 2017 Sprecher von Frauke Petry, gehört dem AfD-Vorstand Baden-Württem-

Markus Cornel Frohnmaier

1991: geboren in Craiova, Rumänien

1992: Frohnmaier und seine Zwillingsschwester werden von einer deutschen Bauernfamilie adoptiert. Fortan wächst er in Weil der Stadt bei Stuttgart auf.

Bildung: Hauptschule, Realschule, Abitur – auf dem zweiten Bildungsweg – am Wirtschaftsgymnasium

Studium der Rechtswissenschaften in Tübingen

Kurzzeitig: Mitglied in der Jungen Union

2014: Gründung des baden-württembergischen Landesverband der Jungen AfD

2015: Bundesverband erkennt die Junge AfD offiziell an

2015: Frohnmaier und Sven Tritschler zum Bundesvorstands der Jungen AfD gewählt

2016: Listenplatz vier in Baden-Württemberg für die Bundestagswahl

Frohnmaier ist Pressesprecher von Frauke Petry und stark auf Russland fokussiert. Neben etlichen Reisen in das Land hat er Kontakte zur Jugendorganisation von Putins Partei „Einiges Russland" und, laut Medienberichten, eine russische Verlobte.

berg an und leitet die Junge Alternative, die von ihm mitgegründete Jugendorganisation der AfD. Parteigenossen haben ihm wegen seiner rhetorischen Härte den Spitznamen „Frontmaier" gegeben.

Frohnmaier wird 1991 im rumänischen Craiova geboren. Als er ein Jahr alt ist, adoptiert eine deutsche Bauernfamilie ihn und seine Zwillingsschwester aus einem Waisenhaus. Er wächst in Weil der Stadt auf, das ist bei Stuttgart. In Rumänien ist er seither nie wieder gewesen, sagt er, er kenne seine leiblichen Eltern nicht.

Frohnmaier interessiert sich früh für Politik. Die Junge Union verlässt er bald wieder, weil sie ihm zu lasch ist, weil die CDU die Wehrpflicht abschafft, weil Angela Merkel die Partei nach Frohnmaiers Ansicht „sozialdemokratisiert". Als Jura-Student in Tübingen gründet er erst eine AfD-Hochschulgruppe, aus der dann die Junge Alternative hervorgeht. Im November 2015 erkennt die AfD ihren Jugendverband offiziell an.

In der Jungen Alternative, sagt Frohnmaier dem Tagesspiegel, könne man „Dinge zugespitzter und schärfer formulieren – das ist ein Privileg der Jugend und wir wissen es einzusetzen". Im Januar 2017 fordert der Bundesverband der Jungen Alternative eine „Ausgangssperre für gefährliche Flüchtlingsgruppen". Sven Tritschler, der Co-Vorsitzende, konkretisiert: „Wir fordern eine Ausgangssperre für Flüchtlinge ab 22 Uhr".

In einer Talkshow im Januar 2016 sagt Frohnmaier, Claudia Roth von den Grünen habe in der Silvesternacht am Kölner Dom „mittelbar mitvergewaltigt". Er weiß seine Zuspitzungen so abzusichern, dass sie rechtlich nicht angreifbar sind. Also macht er den Zusatz: „nicht im juristischen Sinne, aber im übertragenen Sinne". Darum ist diese Äußerung zulässig. Eine einstweilige Verfügung von Claudia Roth weist das Oberlandesgericht Köln ab.

Frohnmaier kandidiert bei der Bundestagswahl im September 2017 auf Platz vier der Landesliste Baden-Württemberg – und hat angekündigt, sich im Fall seiner Wahl auf die Außenpolitik zu konzentrieren. Dabei dürfte Russland eine große Rolle spielen. Frohnmaier hat Kontakte zur russischen Botschaft in Berlin und in Paris, er posiert auf Fotos mit Männern der Jungen Garde, der Nachwuchsorganisation der Putin-Partei Einiges Russland.

Mehrmals hat Frohnmaier Russland bereist. Im April 2016 besucht er gemeinsam mit Marcus Pretzell die von Putin annektierte Krim, später kommt heraus, dass eine russische Stiftung die Reise finanziert. Geht es nach Frohnmaier, würden die Sanktionen gegen Russland umgehend ausgesetzt.

Laut „Zeit-Magazin" hat Frohnmaier eine russische Verlobte, Russlanddeutsche hält er für potentielle AfD-Wähler, wegen des gemeinsamen „Wertesystems". In seinem Wahlkreis hat Frohnmaier zweisprachige Flyer drucken lassen, auf Deutsch und auf Russisch.

Ökonomisch folgt Frohnmaier dem neoliberalen Wirtschaftstheoretiker Friedrich von Hayek – genau wie Alice Weidel, Beatrix von Storch und sein einstiges Vorbild Joachim Starbatty, den Frohnmaier während seines Jurastudiums in Tübingen kennenlernt, einen der Gründer der AfD. Ihre parteipolitischen Wege trennen sich, als Starbatty gemeinsam mit Bernd Lucke 2015 die AfD verlässt. Frohnmaier folgt seinem ehemaligen Lehrer nicht. Das ZDF hat Hinweise darauf gefunden, dass Frohnmaier mit der „German Defense League" in Verbindung stand, einer rechtsextremen, islamfeindlichen Vereinigung, die vom Verfassungsschutz beobachtet wird. Der Sender bezieht sich auf alte Facebook-Profile von Frohnmaier und die Tatsache, dass ein „Cornel Frohnmaier" als Ansprechpartner auf einer inzwischen abgeschalteten Webseite der German Defense League genannt wird. Frohnmaier sagt dem „Zeit-Magazin", er sei aber kein Mitglied gewesen. Er habe sich die Bewegung nur mal angeschaut.

Hans-Thomas Tillschneider

> *„Gott hat die Menschen nach Völkern erschaffen. Die Völker sind Gedanken Gottes; niemand hat das Recht, sie bis zur Unkenntlichkeit zu entstellen. Mit der Globalisierung und der zügellosen Masseneinwanderung erhebt sich der Mensch gegen die Schöpfung. Anstatt Widerstand dagegen zu leisten, treibt das Zentralkomitee der Katholiken diesen Prozess noch an."*
> **auf seiner Facebook-Seite, am 26. Mai 2016**

Vor der Landtagswahl in Sachsen-Anhalt im März 2016 fasst Hans-Thomas Tillschneider seine politische Überzeugung knapp zusammen: „100% Patriot, 100% Demokrat, 100% kontra Mainstream; Islamisierungskritiker; Feind aller linken Spießer; Befürworter der deutschen Sozialstaatsidee".

Tillschneider wird 1978 in der rumänischen Stadt Timişoara (Temesvar) geboren, als „Angehöriger der volksdeutschen Minderheit". Er wächst im Schwarzwald auf und macht 1997 in Freudenstadt Abitur. Danach schreibt er sich für Islamwissenschaften ein, lernt Arabisch und Persisch, studiert in Damaskus, wird von der Studienstiftung des deutschen Volkes gefördert und 2009 in Freiburg promoviert.

Er habe großen Respekt vor dem Islam, sagt Tillschneider im Mai 2016 gegenüber dem Nachrichtensender n-tv, er wolle aber „nach Damaskus fahren müssen, um eine Moschee zu sehen". Deutschland und der Islam? Nicht kompatibel. Tillschneider: „Ich will einen Islam, der islamisch ist, und ein Deutschland, das deutsch ist."

Eigens nach Sachsen-Anhalt ist Tillschneider umgezogen, weil der Osten Deutschland so „schön deutsch" geblieben sei. Dort habe sich „viel deutsche Kultur erhalten, die im Westen teilweise schon verloren ist".

2013 tritt er in die AfD ein. 2014 schließt er sich mit Gesinnungs-genossen zur Patriotischen Plattform zusammen. Sie bildet den völkischen, äußersten rechten Rand der AfD. Tillschneider hat den Vorsitz. „Nationalliberale finden bei uns genauso Platz wie patriotische Linke und Konservative, solange sie ihre Lager- und Klientelinteressen nicht über das nationale Interesse stellen", heißt es der Gründungserklärung.

Offiziell ist die Patriotische Plattform ein nichtrechtsfähiger Verein, also ohne Eintrag im Vereinsregister. Man selbst sieht sich als einen Zusammenschluss von Gesinnungsgenossen, aus-drücklich nicht als Parteiorgan. Die Plattform ist eng verbunden mit dem völkischen Flügel um André Poggenburg und Björn Höcke.

Hans-Thomas Tillschneider unterhält enge Kontakte zu dem neurechten Vordenker Götz Kubitschek, gibt dem Magazin „Sezession" Interviews, tritt als Referent in dessen Institut für Staatspolitik auf und unterstützt ebenfalls die Internetplattform *einprozent.de.*

Anfang 2015 möchten Kubitschek und seine Frau in die AfD eintreten. Parteigründer Lucke lehnt ab. Die Patriotische Plattform protestiert. „Niemand hat sich in den vergangenen Jahren in Deutschland mehr um die intellektuelle Aufrüstung des demokratischen Spektrums rechts von der CDU verdient gemacht als Götz Kubitschek und Ellen Kositza", heißt es in der Erklärung. „Die AfD wird entweder mit Götz Kubitschek sein oder sie wird gar nicht sein!"

Bis heute suchen Tillschneider und Höcke den Anschluss an Gruppierungen rechts der AfD, zu Pegida oder der vom Verfassungsschutz beobachteten Identitären Bewegung. Der AfD-Parteivorstand hat solchen Kontakten offiziell einen Riegel vorgeschoben; die Patriotische Plattform kämpft dafür, den Beschluss aufzuheben. Im Mai 2016 fordert Tillschneider in einer Rede, Pegida-Mitgründer Lutz Bachmann mit dem Bundesverdienstkreuz auszuzeichnen.

Als Björn Höcke im Januar 2017 in Dresden seine berüchtigte Rede hält, verteidigt ihn die Patriotische Plattform: Die Bevölkerung habe „diesen permanent exerzierten Schuldkult satt". Stattdessen wird der AfD-Bundesvorstand kritisiert, der Höcke aus der Partei werfen will. „Frauke Petry die treibende Kraft hinter dem Beschluss, nimmt in maßlosem Machtstreben leichtfertig einen Misserfolg bei der Bundestagswahl und die Spaltung der Partei in Kauf, nur, um sich eines als Konkurrenten empfundenen Spitzenmanns zu entledigen", schimpfen die Patrioten in ihrer Erklärung.

Tillschneider fordert, dass Deutschland aus der EU und der NATO austritt. Die EU sei erledigt, und „was fällt, solle man stoßen", sagt Tillschneider im Sommer 2016 auf dem völkischen Kyffhäusertreffen in Anlehnung an den Philosophen Friedrich Nietzsche. Laut träumt er davon, dass die Neue Rechte die Macht übernimmt. „Wir sind ein weit ausgespanntes Netz", ruft er, man wolle die Regierungsgewalt übernehmen, „wenn das Establishment zusammengebrochen ist und wir die Mehrheit sind". Das könne in vier Jahren bis acht Jahren soweit sein.

6. Kapitel: Die Finanziers und Förderer der AfD

Von Justus von Daniels

Bereits kurz nach der Gründung der AfD im Jahr 2013 wird über anonyme Kredite an die Partei spekuliert. Im April 2014 landet ein sechsstelliger Betrag in der Kasse der AfD, ohne dass die Parteispitze angibt, woher er stammt. Erst Wochen später löst der damalige Partei-Vize Hans-Olaf Henkel, ehemaliger Präsident des Bundesverbandes der Deutschen Industrie, das Rätsel: Er selbst habe der Partei ein Darlehen über 640.000 Euro gewährt. Und stocke den Betrag bei dieser Gelegenheit auf eine Millionen Euro auf.

Nach dem Putsch von Frauke Petry im Juli 2015 trennt sich Henkel im Streit von der AfD. Doch die Geschäftsbeziehung bleibt wohl oder übel bestehen. Aus Henkels Umfeld heißt es, dass die Partei das Darlehen seit 2015 brav zurückzahle.

Kreative Buchführung

Bereits 2013, im Jahr ihrer Gründung, nimmt die AfD 1,5 Millionen Euro über Mitgliedsbeiträge ein. 2014 sind es schon fast 2,5 Millionen Euro, plus rund 2 Millionen Euro Spenden. In ihrem Finanzbericht nennt die AfD acht Großspender, die mehr als 10.000 Euro an die Partei gegeben haben. Unter ihnen:

> Klaus Nordmann (48.500 Euro)
> Walter Haarmann (22.000 Euro)
> Erhard Schappeit (20.000 Euro)
> der Berliner Reklamekönig Hans Wall (15.000 Euro)

> Carsten Albers (14.000 Euro)
> Johannes Ross (12.407 Euro)
> Alexander Sellentin (11.150 Euro)
> Ulrich Wlecke (11.030 Euro)

Für jede Wählerstimme erhält eine Partei damals einen staatlichen Zuschuss von 70 Cent (mittlerweile gibt es 83 Cent). Hinzu kommen Zuschüsse für Mitgliederbeiträge und Spenden. Aufgrund der guten Wahlergebnisse hätte die AfD Anspruch auf gut fünf Millionen Euro. Allerdings bekommt eine Partei staatliche Zuschüsse nur in der Höhe, in der sie auch selbst Einnahmen erwirtschaftet. So viel hat die AfD aber selbst nicht eingenommen. Sie hätte 2014 auf geschätzt eine Millionen Euro aus Steuergeldern verzichten müssen.

Eine Möglichkeit, die Kassen zu füllen, wäre es, ein eigenes Unternehmen zu gründen. Das machen auch die anderen Parteien. Der SPD gehört unter anderem ein Druckereiunternehmen, der CDU mehrere Verlage, der Linken ein Hotel. Das Parteiengesetz wertet zu diesem Zeitpunkt jeden Umsatz, den das Unternehmen einer Partei erzielt, als Einnahme. Es genügt also, hohen Umsatz zu organisieren, dann fließen auch staatliche Zuschüsse. Ganz gleich, ob die Firmen Gewinn machen oder nicht.

Bernd Luckes Idee ist es, Goldmünzen zu verkaufen. Damit kann die Partei risikolos und ohne großes Investment erheblichen Umsatz generieren. Und inhaltlich passt es auch: Die Partei will den angeblich unsoliden Euro abschaffen und die vermeintlich sichere D-Mark wieder einführen. Also gründen Lucke und Co. den AfD-Goldshop, der Goldmünzen anbietet. Besonders beliebt: eine vergoldete D-Mark für knapp 500 Euro.

Finanzen

2013 mehrere anonyme Darlehen zur Gründung der AfD

2014 Olaf Henkel, ehemals Präsident des Bundesverbands der Deutschen Industrie, gewährt der AfD ein Darlehen von 1 Millionen Euro.

2014 nimmt AfD 2 Millionen Euro durch Spenden ein.

Mitgliederbeiträge: 2013: 1,5 Millionen Euro. 2014: 2,5 Millionen Euro.

Gold-Verkäufe: Um den Maximalbetrag der staatlichen Parteienförderung zu erhalten, braucht die AfD einen hohen Umsatz. Ende 2014 eröffnet die AfD deshalb den sogenannten Goldshop. Sie verkauft Gold im Wert von 12 Millionen Euro; die Kosten für die Gold-Produkte betragen aber nur 10 Millionen Euro. Da nicht der Gewinn zählt, sondern der Umsatz, erhält die AfD über die Parteienfinanzierung 5,5 Millionen Euro vom Staat (inzwischen wurde das Gesetz geändert, nun zählt nur der Gewinn)

„Vereinigung zur Erhaltung des Rechtsstaats": Der Verein wirbt für die AfD, druckt Wahlplakate, Flyer und das „Extrablatt", das bei den Landtagswahlen 2015 und 2016 kostenlos an viele Haushalte in Deutschland verteilt wird. Die AfD bekommt dadurch Wahlwerbung, ohne selbst dafür zu bezahlen. Die Geldquellen der Vereinigung sind unklar. Weil die AfD nicht in die Planung und Verteilung involviert war, zählt es nicht als verdeckte Parteienfinanzierung.

Die Idee ist Gold wert: 2014 verbucht das Tochterunternehmen über zwei Millionen Euro Umsatz.

Der Staat überweist der AfD daraufhin den vollen Zuschuss von fast 5,5 Millionen Euro. So gelingt es der Partei in ihrem zweiten Jahr, einen Überschuss zu erwirtschaften. 2014 nimmt die AfD rund 12 Millionen Euro ein und gibt rund 10 Millionen Euro aus. So steht es in ihrem Finanzbericht.

Doch der Schuss geht nach hinten los. Am Ende führt Luckes Gold-Shop dazu, dass das Gesetz zur Parteienfinanzierung geändert wird. Und das liegt auch an der Spaßpartei um den Satiriker Martin Sonneborn. Sie treibt das Gold-für-Geld-Geschäft der AfD ins Absurde. Und ruft so die Politik auf den Plan. Im Dezember 2014 eröffnet „Die Partei" um Sonneborn ihren „Geldshop" und verkauft darin Geld für Geld: Einen 100-Euro-Schein gibt es zum Preis von 105 Euro.

Die Bundestagsverwaltung leitet eine Prüfung der Geschäfte von AfD und „Die Partei" ein. Letztere wird zu einer Strafzahlung von über 300.000 Euro verdonnert, weil ihr Geschäft als „unseriös" eingestuft wird. Die AfD-Aktion hingegen wird als rechtmäßig eingestuft. Sie verstoße nicht gegen das damals geltende Parteiengesetz.

Das sieht „Die Partei" nicht ein. Sonneborn & Co. reichen Klage gegen die Verwaltung des Bundestages ein.

Am 17. Dezember 2015 beschließt der Deutsche Bundestag daraufhin mit den Stimmen der Großen Koalition, das Parteiengesetz zu ändern. Seither können Parteien nur noch Gewinne von Tochterunternehmen geltend machen, nicht aber deren

Umsatz, um staatliche Zuschüsse zu erhalten. Tricksereien wie der AfD-Goldshop sind künftig nicht mehr möglich.

Die AfD muss sich nach alternativen Einnahmequellen umsehen.

Verdacht auf verdeckte Parteienfinanzierung

Während des Wahlkampfes in Bremen im Mai 2015 erhält die dortige AfD-Geschäftsstelle ein Paket. Darin: Gratiszeitungen, die für die AfD werben. Absender ist aber nicht die Bundespartei, sondern eine bayerische Adresse, die offiziell nichts mit der AfD zu tun hat. In der Geschäftsstelle herrscht kurz Verwirrung, ob die AfD dieses Material verteilen soll. Ein Insider, der damals vor Ort ist, erinnert sich, dass entschieden wird, die Zeitungen auf keinen Fall zu verteilen.

Eine richtige Entscheidung. Denn wenn eine Partei eine Großspende – und sei es in Form von Zeitungen – annimmt, muss sie offenlegen, wer dahinter steckt. Nutzt eine Partei die Spende, ohne sie offenzulegen, wäre das eine verdeckte Parteienfinanzierung. Eine Privatperson oder ein Verein kann selbstverständlich von sich aus für eine Partei werben. Doch sobald die Partei eingebunden wird – etwa, indem sie die gespendeten Prospekte verteilt oder die gespendeten Plakate aufstellt – liegt eine verdeckte Parteienfinanzierung vor. Und die ist verboten.

Bremen ist kein Einzelfall. Bei den Wahlkämpfen 2016 in Mecklenburg-Vorpommern, in Baden-Württemberg und Rheinland-Pfalz wird die fremde Wahlkampfhilfe offensichtlich. In den Wahlkreisen hängen hunderte Plakate, die zur Wahl der AfD aufrufen. Eine Zeitung namens „Extrablatt", millionenfach an Haushalte verteilt, wirbt für die AfD. Ist aber ebenfalls nicht von der AfD bezahlt worden. Sind das verdeckte Spendenaktionen?

Die Partei windet sich bis heute. „Meine Partei hat damit nichts zu tun", sagt AfD-Chef Meuthen im März 2016. Im „Extrablatt" gab es Interviews mit prominenten AfD-Politikern. Aber wer die freundlichen Unterstützer sind, die hinter dem Blatt stehen, das weiß in der AfD angeblich niemand.

In diesem Fall hat die AfD Glück: Die Bundestagsverwaltung prüft den Fall und kann keine direkte Verbindung zwischen dem „Extrablatt" und der AfD feststellen. Ansonsten hätte die Partei die Hilfe als Spende deklarieren und den Großspender offenbaren müssen. Es besteht offensichtlich ein gewaltiges Interesse daran, die Hintermänner der Gratiszeitung nicht zu enttarnen. Recherchen mehrerer Zeitungen decken auf: Dass hinter dem „Extrablatt" eine „Vereinigung zur Erhaltung der Rechtsstaatlichkeit und bürgerlichen Freiheiten" steckt. Und dass Joseph Konrad, ein AfD-Mitglied aus Oberfranken, kurzzeitig im Impressum der Webseite auftaucht. Konrad firmiert auch als Herausgeber der Gratiszeitung. Im September 2016 wird aus der Vereinigung ein eingetragener Verein. Geführt wird er von David Bendels, im gleichen Jahr durch seinen Austritt aus der CSU bekannt geworden, weil ihm die Partei nicht konservativ genug ist.

Derzeit ist Bendels parteilos. Offizielles Ziel des Vereins ist es, bürgerlich-konservative Politik zu unterstützen, jenseits der Parteien. Die Haupttätigkeit liegt derzeit aber in der Finanzierung von AfD-Werbeaktionen.

Gegenüber CORRECTIV räumt Bendels ein, dass hinter dem Verein private Großspender stehen, die Geld für die AfD-Wahlkämpfe geben. „Sie wollen auf jeden Fall anonym bleiben", sagt Bendels. Mit welchem Interesse die reichen Spender so viel privates Geld ausgeben, bleibt unklar. „Jeder Cent kommt von deutschen Staatsbürgern", versichert Bendels. Er will so dem Verdacht begegnen, dass über den Verein ausländische Geldgeber der AfD unter die Arme greifen.

Ebenso wie die AfD achtet auch der Verein peinlich darauf, jede nachvollziehbare Verbindung zwischen Partei und Verein zu vermeiden. Man ist sich dort bewusst, dass Absprachen heikel sein könnten. „Wir arbeiten juristisch wasserdicht", so Bendels. Die sieben eingetragenen Vereinsgründer seien nicht Mitglied in der AfD, offizielle Verbindungen zur Partei gebe es nicht. Die Vereinsgründer gehörten auch nicht zum Kreis der Großspender, sagt Bendels.

Eine solche anonyme Wahlkampfhilfe ist hierzulande neu. In den USA gibt es sie schon länger, dort heißen die Spenden „SuperPacs": Privatpersonen können millionenschwere Kampagnen für einen Kandidaten starten, ohne je in Erscheinung zu treten. Auch dort müssen sie jegliche offizielle Verbindung zu den Parteien vermeiden.

„Wir werden die AfD auch bei den anstehenden Wahlkämpfen 2017 unterstützen", sagt David Bendels. Das heißt: Es wird erneut Plakate und Gratiszeitungen geben, die zur Wahl der AfD aufrufen, kurz vor den Wahlterminen im Saarland, in NRW und zur Bundestagswahl. Auch dafür werden dann wieder die ominösen Großspender aufkommen. Mittlerweile beteiligten sich auch einige mittelständische Unternehmer mit größeren Spendensummen, sagt Bendels. Plakate und Gratiszeitungen kosteten Millionen.

Für die AfD bleibt es ein Eiertanz. Sobald einzelne Parteiverbände die Aktionen unterstützen, könnte ein Verfahren wegen des Verstoßes gegen das Parteiengesetz drohen.

Petry und die Zwangsspenden

Auch die Landesverbände suchen nach Möglichkeiten, ihre Finanzen aufzubessern. Wie in Sachsen, dem Landesverband von Parteichefin Petry. Gegen sie läuft derzeit ein Ermittlungsverfahren wegen Meineids.

Vor der Landtagswahl im August 2014 braucht der AfD-Landesverband Sachsen dringend Geld, um die Wahlkampfkasse zu füllen. Da hat der Landesvorstand eine Idee: Jeder Kandidat, der einen aussichtsreichen Listenplatz ergattern möchte, bekommt einen Vertrag vorgelegt. Darin verpflichtet sich der Kandidat oder die Kandidatin, der Partei vor der Wahl ein Darlehen zu geben, das nach der Wahl in eine Spende an die Partei umgewandelt wird. Dann, wenn er oder sie ein gut verdienendes Mitglied des Landtages ist. Die vorderen zehn Plätze kosten je 3000 Euro, die weiteren je 1000 Euro.

Als der AfD-Kandidat Arvid Samtleben erst auf der Landesliste steht, dann aber wieder gestrichen wird, liegt das seiner Meinung nach daran, dass er sich geweigert habe, das Darlehen zu zahlen. Die Abgeordneten-Abgabe wird öffentlich und führt zu einem Skandal, in den auch Frauke Petry hineingezogen wird. Im Wahlprüfungsausschuss des Sächsischen Landtages gibt sie im November 2015 zu Protokoll, dass sie nicht gewusst habe, welche Kandidaten das Darlehen tatsächlich gezahlt hätten, und dass die Entscheidung gegen Samtleben nichts mit seiner Weigerung zu tun gehabt habe, den Vertrag zu unterzeichnen. Zudem sei das Darlehen freiwillig gewesen.

Doch dieser Aussage widersprechen der Generalsekretär der Partei, Uwe Wurlitzer und das sächsische Vorstandsmitglied Carsten Hütter. Die Staatsanwaltschaft Dresden leitet daraufhin im Mai 2016 ein Ermittlungsverfahren wegen uneidlicher Falschaussagegegen Frauke Petry ein.

Gibt es geheime Geldquellen?

Immer wieder gibt es in den Medien Gerüchte über unklare Geldflüsse, die nicht in den Finanzberichten der AfD auftauchen. Vor allem über finanzielle Unterstützung aus Moskau wird spekuliert. Von NRW-Chef Marcus Pretzell weiß man, dass ihm die Stiftung des „Yalta International Economic Forum" im April 2016 den Besuch einer Konferenz auf der von Moskau annektierten Halbinsel Krim finanziert hat. Hinter der Stiftung steckt die Regierung der „Krimrepublik" – und hinter der steckt der Kreml. Die Junge Alternative reist nach Russland, AfD-Vizechef Gauland trifft Vertraute Putins in St. Petersburg, Frauke Petry in Moskau Wladimir Schirinowski, den Gründer der rechtsradikalen russischen Partei Spektrum; von der EU ist Schirinowski mit einem Einreiseverbot und einer Kontensperre belegt.

Doch bisher sind all jene, die über eine finanzielle Russland-Connection der AfD spekulieren, Beweise schuldig geblieben. Derzeit gibt es keine Belege dafür, dass die AfD finanzielle Zuwendungen direkt oder indirekt aus Russland erhält oder erhalten hat.

Fazit: Nehmen, was kommt

Spendenskandale, dubiose Finanzgeschäfte: Das hat es in Deutschland auch bei den etablierten Parteien immer wieder gegeben. Die AfD ist so gesehen in guter Gesellschaft. Wobei sich die Rechtspopulisten redlich bemüht haben, mit den „Altparteien" möglichst schnell gleichzuziehen.

Inzwischen hat die AfD eine politische Stiftung gegründet. Auch dafür gibt es Geld aus dem Staatssäckel. Einen Namen hat die Partei schon gefunden: Desiderius Erasmus Stiftung. Gemeinhin kennt man den Namensgeber als Erasmus von Rotterdam, der schon für das Studenten-Austauschprogramm der EU Pate steht.

Es ist noch nicht lange her, da hat AfD-Mitgründer Konrad Adam die Parteienfinanzierung über Stiftungen als einen „Misswuchs der bundesrepublikanischen Demokratie" gegeißelt. Jetzt hat Adam seine Meinung geändert. Zu „Zeit-Online" sagt er im Januar 2017: Die AfD ist angetreten, die „Übermacht der Parteien zurechtzustutzen", man hat sich zunächst aber dafür entschieden, „das zu nehmen, was uns rechtlich zusteht".

Chef der künftigen AfD-Stiftung: Konrad Adam.

Den AfD-Goldshop gibt es übrigens nicht mehr. Ende Januar 2017 wurde der Verkauf eingestellt.

7. Kapitel: Rechtsradikalismus, Rassismus, Antisemitismus – Das Erstarken der völkischen Ideologie in der AfD

Von Marcus Bensmann

Rechtsradikale Tendenzen in den östlichen Bundesländern

In allen fünf östlichen Bundesländern ist die AfD im Landtag vertreten. Nach letzten Umfragen im Frühjahr 2017 würde sie in Thüringen, Sachsen und Sachsen-Anhalt über 20 Prozent der Stimmen erhalten. Bundesweit liegt die Partei bei zehn Prozent. In den neuen Bundesländern ist die AfD auch besonders radikal. André Poggenburg, AfD-Chef in Sachsen-Anhalt, nennt Antifa-Aktivisten „linksextreme Lumpen" und „Wucherungen am deutschen Volkskörper". Björn Höcke aus Thüringen nennt Politiker der anderen Parteien wahlweise „Vollidioten", „Politikzwerge" oder eine „Brut", die das Land seit Jahrzehnten „unter ihren Klauen" habe. „Diese Totalversager müssen weg", ruft er, allen voran „Kanzler-Diktatorin" Merkel. Bei vielen AfD-Anhängern im Osten kommt das gut an. Woran liegt das?

Seit der Wende sind in den neuen Bundesländern rechtsradikale Parteien fest verankert. NPD und DVU ziehen nach 1990 in die Landtage ein. Die NPD durchdringt Clubs, Vereine, freiwillige Feuerwehren. In ganzen Landstrichen – etwa rund um Anklam in Mecklenburg-Vorpommern – ist die NPD fest etabliert. Das alles hat den Boden für die Thesen der AfD bereitet.

Laut der Studie „Die enthemmte Mitte" der Universität Leipzig sind im Osten ausländerfeindliche und rechtsradikale Ansichten weiter verbreitet als im Westen. Die Studie basiert auf einer Umfrage unter 1917 Personen im Westen und 503 Personen im Osten Deutschlands im Frühjahr 2016. Demnach sind 39 Prozent der Menschen im Osten der Ansicht: „Die Ausländer kommen nur hierher, um unseren Sozialstaat auszunutzen." Bundesweit sind es 32 Prozent.

14 Prozent der Befragten im Osten sagen, „im nationalen Interesse ist unter bestimmten Umständen eine Diktatur die beste Staatsform". 26 Prozent stimmen dort der Aussage zu: „Was Deutschland jetzt braucht, ist eine starke Partei, die die Volksgemeinschaft insgesamt verkörpert." 27 Prozent stimmen im Osten der Aussage zu: „Was unser Land heute braucht, ist ein hartes und energisches Durchsetzen deutscher Interessen gegenüber dem Ausland."

Der Ausländeranteil liegt in den neuen Bundesländern unter vier Prozent. Dennoch verfangen dort Angstparolen, die vor Überfremdung und Islamisierung warnen. Früher kamen sie von der NPD, heute von der AfD.

Immer wieder spielen die AfD-Oberen auf das Ende der DDR an, die Erfahrung, dass ein staatliches System zerfallen kann. Beim Kyffhäusertreffen im Juni 2016 ruft Björn Höcke: „Wir leben in einer Schleusenzeit, wo es auf einmal durchrutschen kann. Dann ist die Messe für die Kanzlerdiktatorin Merkel gelesen."

Auch die beiden völkischen Bewegungen innerhalb der AfD, der Flügel um Björn Höcke und die Patriotische Plattform um Hans-Thomas Tillschneider, haben ihre Anhänger vor allem in den östlichen Bundesländern. Beiden Gruppierungen vereinen rund 30 Prozent der AfD-Mitglieder.

Die AfD-Politiker im Westen gehen zumeist auf Distanz zu Pegida oder die vom Verfassungsschutz beobachtete Identitäre Bewegung. Im Osten suchen AfD-Politiker immer wieder den Schulterschluss. Höcke hat Pegida als „parlamentarische Vorfeldorganisation in Dresden" bezeichnet und die AfD als „fundamentaloppositionelle Bewegungspartei". Tillschneider kämpft dafür, dass AfD und Pegida einander unterstützen.

Ein gewisser Jens Maier kandidiert in Sachsen auf Listenplatz zwei für die Bundestagswahl, der Landesverband hat ihn direkt hinter Frauke Petry gewählt. Maier wird bekannt, als er im Januar 2017 als Vorredner von Björn Höcke in Dresden auftritt und Höcke die „letzte Hoffnung" des deutschen Volkes nennt. Maier ist Richter am Landgericht Dresden. Bis zu jener Rede ist er zuständig für Medien- und Presserecht, danach wird in Absprache mit ihm die Zuständigkeit für Presserechtsverfahren an eine andere Kammer des Gerichts übertragen.

Die Renaissance der völkischen Ideologie

Mit der AfD kehrt das völkische Denken in den politischen Diskurs zurück. Dessen Kern ist, dass nur jene Menschen Teil des Staatsvolkes sind, die qua Abstammung dazu gehören, deren Vorfahren Deutsche sind. Einwanderer, die einen deutschen Pass besitzen, gehören nicht per se dazu.

Hinzu kommt, dass Ausländer oder „das Fremde" für den Bestand des eigenen Volkes eine Gefahr darstellen. Zur Rettung des Volkes ist der Kampf gegen diese Gefahr angeblich unabdingbar.

Die Wiedervereinigung ist für viele der sichtbarste Erfolg der jüngeren deutschen Geschichte. Völkische Ideologen mögen den Tag der Deutschen Einheit nicht. Für Björn Höcke schreibt am 3. Oktober 2016 auf Facebook: Für ihn sei dieser Tag kein Nationalfeiertag.

Auch Bundesvorsitzende Petry will das Wort „völkisch" rehabilitieren. Man müsse „daran arbeiten, dass dieser Begriff wieder positiv besetzt ist", sagt sie in einem Interview mit der „Welt am Sonntag" im September 2016. „Ich benutze diesen Begriff zwar selbst nicht, aber mir missfällt, dass er ständig nur in einem negativen Kontext benutzt wird." Für sie sei völkisch nur „ein zugehöriges Attribut" zum Wort Volk.

Das Wort „Rasse" ist in Deutschland durch die Nazis diskreditiert. Es wird auch von der Neuen Rechten vermieden. Stattdessen wird der Begriff Ethnopluralismus favorisiert. Klingt modern, klingt nach Vielfalt – steht aber nicht dafür. Es ist Rassismus, dem ein modisches Mäntelchen umgehängt wurde.

Der Ethnopluralismus geht nicht von der Überlegenheit einer bestimmten Ethnie aus. Jedes Volk soll in gleichwertiger Nachbarschaft zu den anderen Völkern leben. Die Ethnien sollen sich aber nicht vermischen. Wobei sich Ethnie nicht allein auf die Rasse eines Menschen bezieht, sondern auch auf seine Zugehörigkeit zu einer Kultur.

Vordenker des Ethnopluralismus ist der französische Philosoph Alain de Benoist. Er geht davon aus, dass „jedes Volk, jede Kultur ihre eigenen Normen" besitze, dass „jede Kultur eine sich selbst genügende Struktur" forme. Menschen würden vor allem von ihrer kulturellen und völkischen Zugehörigkeit bestimmt. Liberalismus, Amerikanisierung und Zuwanderung gefährdeten die ethnische Identität. Weshalb diese Tendenzen bekämpft werden müssten.

Das hat Folgen für das Demokratieverständnis. Die Demokratie besteht nun nicht mehr aus gleichberechtigten Staatsbürgern, sondern aus einem Volk, einer ethnischen Einheit. Der einzelne Mensch, das Individuum, ist dem Volk untergeordnet. Völker sind für die Ethnopluralisten gleichsam eigene Wesen, denen sich der Einzelne unterzuordnen hat. Motto: Du bist nichts, dein Volk ist alles.

Alain de Benoist sieht in Völkern „Wesenheiten mit eigener Persönlichkeit, die sich im Lauf der Geschichte geprägt" haben, und die dann auch Träger des Staates sind.

Der Staatsbürger muss sich dem Volk fügen. Und genau das sei das Problem, sagt der Soziologe Roland Eckert, der bis zu seiner Emeritierung an der Uni Trier lehrte. Wenn das Recht auf Verschiedenheit nicht für den einzelnen Menschen gilt, sondern eine Gemeinschaft oder ein ganzes Volk dieses für sich beansprucht – dann wird für den Einzelnen daraus ein Zwang zur Unterwerfung.

Ethnopluralisten haben nichts dagegen, dass Menschen von einem Land – einer „Ethnie" – in ein anderes umziehen, fordern dazu aber die völlige Assimilierung. Der rechte Verleger Götz Kubitschek sagte 2016 gegenüber der „FAZ": „Loyal ist, wer bereit ist, für das Land, in dem er lebt, in den Krieg zu gehen und sich erschießen zu lassen."

Antisemitismus: Die Affäre Gedeon

Wolfgang Gedeon, Jahrgang 1947, ist Arzt. Als Student gehört er in Gelsenkirchen der maoistischen KPD/ML an und leitet zeitweilig deren Zentralkomitee. Viele Jahre betreibt er eine Praxis für Allgemeinmedizin, 2006 kehrt er zurück in seine alte Heimat Baden-Württemberg. Im April 2013 tritt er der AfD bei und wird Vorsitzender des Kreisverbandes Konstanz. 2016 zieht er in den Stuttgarter Landtag ein.

Zuvor hat Gedeon mehrere Bücher geschrieben. 2012 veröffentlicht er „Der grüne Kommunismus und die Diktatur der Minderheiten: Eine Kritik des westlichen Zeitgeists". 432 Seiten hat das Buch; es enthält zahlreiche antisemitische Thesen. Etwa: „Wie der Islam der äußere Feind, so waren die talmudischen Ghetto-Juden der innere Feind des christlichen Abendlandes". Oder: „Als sich im 20. Jahrhundert das politische Machtzentrum von Europa in die USA verlagerte, wurde der Judaismus in seiner säkular-zionistischen Form sogar zu einem entscheidenden Wirk- und Machtfaktor westlicher Politik."

Seit langem wollen Antisemiten eine Weltverschwörung der Juden mit den „Protokollen der Weisen von Zion" belegen. Historiker haben sie eindeutig als Fälschung entlarvt – tatsächlich hat der Geheimdienst des russischen Zaren die Hetzschrift fabriziert. Wolfgang Gedeon ist sich da aber nicht so sicher. „Bei objektivem Vergleich der widerstreitenden Ansichten über diese Protokolle sieht es eher nicht nach Fälschung aus", schreibt der AfD Politiker allen Ernstes.

Das Gedenken an den Holocaust in der Bundesrepublik beschreibt Gedeon als „ideologisiert und theologisiert". Und auch gegen das Holocaustdenkmal in Berlin wettert er: „Dass ein Volk auf dem größten Platz seiner Hauptstadt ein riesiges Denkmal zur Erinnerung an gewisse Schandtaten seiner Geschichte errichtet, ist dagegen selten, wenn nicht einzigartig. Das Schlimmste daran ist: Die meisten Deutschen finden das inzwischen ganz normal."

Holocaustleugner und Neonazis wie Horst Mahler, Ernst Zündel und David Erving bezeichnet Gedeon als „Dissidenten". Sie würden „für Jahre hinter Gitter" gesperrt, während man sich gleichzeitig empöre, „wenn in China Dissidenten für Jahre ins Gefängnis wandern".

Björn Höcke empfiehlt im Dezember 2015 Gedeons Broschüre „Grundlagen einer neuen Politik" – auch die ist mit antijüdischen Theorien durchzogen – seinen Anhängern auf Facebook. Im Sommer 2016 unterziehen Aktivisten Gedeons Buch „Der grüne Kommunismus" einer gründlichen Lektüre und machen die antisemitischen Tendenzen darin öffentlich. Daraufhin entbrennt ein handfester Streit, wie mit Gedeon und seinem offenkundigen Antisemitismus umzugehen sei. AfD-Chef Meuthen verlangt den Rauswurf Gedeons aus der Fraktion im Stuttgarter Landtag, findet aber zunächst nicht die erforderliche Zweidrittel-Mehrheit dafür. Die Fraktion spaltet sich und vereinigt sich erst zwei Monate später wieder, nachdem Gedeon die AfD-Fraktion freiwillig verlassen hat.

Meuthen fordert daraufhin, alle Abgeordneten seiner Fraktion müssten sich schriftlich vom Antisemitismus distanzieren. Der

Abgeordnete Stefan Räpple hat die Erklärung bis heute nicht unterschrieben.

Doch selbst Björn Höcke, der zuvor die antisemitische Broschüre Gedeons gelobt hatte, will nun nichts mehr mit dessen offenem Antisemitismus zu schaffen haben. Manche AfD-Funktionäre spielen sich sogar als Beschützer der Juden gegen die Islamisten auf – denn das seien die eigentlichen Antisemiten.

Allerdings zeigt die über Monate dauernde Diskussion über den Fall Gedeon, wie schwer sich die AfD mit der von Meuthen geforderten Distanzierung tut. Die meisten AfD-Politiker jedenfalls sind, das zeigt diese Debatte, durchdrungen von einem ethnopluralistischen Weltbild: Sie unterscheiden fortwährend zwischen Juden und Deutschen. Als handele es sich bei jüdischen Bürgern um ein Volk. Eine Ethnie. Und nicht um eine Religionsgemeinschaft.

8. Kapitel: Unterstützer und Förderer

Von Marcus Bensmann und Marta Orosz

Pegida

> *„Das sind deine Wähler, Frauke. Und hier musst Du sein."*
> **Pegida-Mitbegründer Lutz Bachmann, 14. November 2016**

Pegida entsteht aus einer Facebook-Gruppe und wächst rasch zu einer Bewegung, die weit über Dresden hinausreicht. Seit Ende Oktober 2014 treffen sich Sympathisanten montags jeweils um 18.30 Uhr zu einem „Pegida-Spaziergang". Beim größten Marsch, am 12. Januar 2015, nehmen bis zu 25.000 Menschen teil. Anfang 2017 haben die Demonstrationen allenfalls noch ein Zehntel so viel Teilnehmer.

Die „Patriotischen Europäer Gegen die Islamisierung des Abendlandes", so der vollständige Name von Pegida, verstehen sich als eine „bürgerliche und friedliche Volksbewegung", die für den „Erhalt unserer deutschen Heimat, Kultur und unseres demokratischen Rechtsstaates gegen Islamismus, Asylmißbrauch und die Überfremdung durch Massen- und Armutseinwanderung demonstriert".

Bürgerlich und friedlich? Beobachter jeglicher Couleur verweisen dagegen auf die islam- und fremdenfeindlichen, völkischen und rassistischen Töne von Pegida. Bei den Abschlusskundgebungen sprechen Redner wie der niederländische Rechtspopulist Geert Wilders und Abgesandte der rechtsextremen belgischen Bewegung Vlaams Belang (Flämische Interessen).

Gegen mehrere Pegida-Organisatoren sind Strafverfahren anhängig. Gründer Lutz Bachmann wird 2016 rechtskräftig wegen Volksverhetzung verurteilt, ein Münchner Pegida-Vorstand wird der Mitgliedschaft in einer terroristischen Vereinigung beschuldigt, ein Dresdner Pegida-Redner steht wegen Anschlägen auf eine Moschee und auf das Dresdner Kongresszentrum im Fokus der Justiz.

Auch bei den Demonstrationszügen kommt es immer wieder zu Anzeigen, unter anderem wegen Beleidigungen, Körperverletzungen und dem Zeigen verfassungsfeindlicher Symbole.

Zeitweilig ist Pegida ein Massenphänomen: Von Dresden ausgehend, bilden sich Ableger in zahlreichen deutschen Städten, dazu in Großbritannien, in der Schweiz, in den Niederlanden. Es gibt die Thügida in Thüringen, die Bärgida in Berlin oder die Legida in Leipzig. Auch sie veranstalten wöchentliche Spaziergänge, die allerdings inzwischen, im Frühjahr 2017, kaum noch stattfinden.

Gründer und bis heute Führungsperson der Pegida-Bewegung ist Lutz Bachmann, gelernter Koch und Werbeunternehmer aus Coswig, Sachsen. Bachmann fällt vor seinem Engagement bei Pegida den Behörden wegen Diebstahl, Einbruch, Körperverletzung und Drogenhandel auf und wird 1998 zu drei Jahren und acht Monaten Haft verurteilt. Um dem Strafvollzug zu entkommen, flüchtet er nach Südafrika. Von dort wird er abgeschoben und sitzt 14 Monate Haft in der Justizvollzugsanstalt Dresden ab. Im Jahr 2013 ist Bachmann als Fluthelfer aktiv, gegen die Überschwemmungen an der Elbe, und wird dafür mit dem sächsischen Fluthelferorden ausgezeichnet.

Pegida und AfD

PEGIDA = Patriotische Europäer gegen die Islamisierung des Abendlandes
Gründer: Lutz Bachmann, Siegfried Däbritz, Kathrin Oerpel

2014, Oktober: In Dresden starten die Pegida Demonstrationen, immer Montags um 18:30 Uhr. Teilnehmer v.a. Kleinunternehmer und Selbstständige.
Parolen: „Merkel muss weg", „Lügenpresse", „Volksverräter".
Gegen: „Geschlechtergleichmacherei", „Frühsexualisierung", das „Establishment"

2015, Januar: Frauke Petry trifft sich mit Pegida-Vertretern, stellt „inhaltliche Schnittmengen" fest. Höhepunkt der Pegida-Demos mit 25.000 Teilnehmern

2015, Februar: Foto von Lutz Bachmann mit Hitlerfrisur. Zahl der Pegida-Teilnehmer bricht ein.

2015, August: Pegida-Sprecherin Tatjana Festerling sagt: „Wir fordern einen sofortigen Aufnahmestopp für Zuwanderer und Asylanten. Wir fordern ein Asylnotstandsgesetz"

2016, Januar: Laut einer Studie unterstützen 82 Prozent der Pegidia-Anhänger die AfD.

2016, Mai: Pegida Mit-Gründer Siegfried Däbritz tritt bei einer AfD-Kundgebung auf.

2016, Juli: Lutz Bachmann gibt die Gründung der „Freiheitliche Direktdemokratische Volkspartei" bekannt. Reicht aber nie die erforderlichen Dokumente beim Wahlleiter ein.

2016, Oktober: Björn Höcke gratuliert Pegida zum zweijährigen Bestehen, und sagt: Pegida und AfD kämpfen „Schulter an Schulter gegen Multikulti und Islamisierung".

2016, November: Lutz Bachmann spricht eine offizielle Wahlempfehlung für AfD aus. Er nennt Frauke Petry „unsere Kanzlerin".

2017, Januar: Pegida hat kaum noch Bedeutung: nur noch 1200 Teilnehmern in Dresden.

Bachmanns Mitstreiter sind meist Kleinunternehmer und Selbstständige, einige von ihnen haben Kontakte zum Rocker- und Hooligan-Milieu, andere zur Dresdner Partyszene.

Weitere Pegida-Gründer trennen sich nach wenigen Monaten von Bachmann. Als Grund nennen sie interne Konflikte sowie inhaltliche Unterschiede, was die politische Ausrichtung der Bewegung angeht. Die Spaltung schlägt sich umgehend in der Teilnehmerzahlen nieder: Das öffentlich gewordene Foto von Bachmann mit Hitler-Frisur und Hitlerbart, sowie die nach außen gelangten Unstimmigkeiten innerhalb des Organisations-Teams halten ab Februar 2015 viele fern von den montäglichen Spaziergängen.

Was verbindet die AfD mit PEGIDA?

Wie bei der AfD, so auch bei Pegida: Im Mittelpunkt des politischen Interesses steht die Ablehnung der Einwanderungs- und Flüchtlingspolitik. Die Veranstalter und Redner positionieren sich gegen die Aufnahme von Flüchtlingen, gegen Einwanderung überhaupt und gegen die Idee einer multikulturellen Gesellschaft. Die Redner, wie die Demonstranten auf ihren Spruchbändern und Schildern, haben vor allem Kanzlerin Angela Merkel und die aktuelle Regierungskoalition im Visier.

Einigkeit bei den Hauptthemen

In insgesamt vier Positionspapieren plädiert Pegida, ähnlich wie die AfD in ihrem Grundsatzprogramm, für eine „qualitative Zuwanderung nach schweizerischem oder kanadischem Modell". Anstelle der „momentan gängigen quantitativen Masseneinwanderung". So steht es in den „Dresdner Thesen" vom

Februar 2015. Demnach sollen künftig nur noch gut ausgebildete Menschen nach Deutschland kommen, die dem Land einen hohen gesamtgesellschaftlichen und wirtschaftlichen Nutzen bringen.

Die Aufnahme von Kriegsflüchtlingen, politisch oder religiös verfolgten Menschen wird in diesem Papier nicht kategorisch abgelehnt. In Redebeiträgen spricht man aber pauschal über Wirtschaftsflüchtlinge oder lehnt generell die Aufnahme von Schutzsuchenden ab: „Wir fordern einen sofortigen Aufnahmestopp für Zuwanderer und Asylanten. Wir fordern ein Asylnotstandsgesetz", sagt Tatjana Festerling am 10. August 2015.

Einig sind sich die Pegida-Anhänger und AfDler auch darin, dass der Islam nicht zu Deutschland gehört. Während die ersten Pegida-Reden noch um die Ablehnung eines radikalen Islam kreisen, wird diese Religion später als grundsätzliche Gefahr für die europäische und deutsche Identität angesehen. Oder, in den Worten Tatjana Festerlings vom 1. Juni 2015: „Die tödliche Vergiftung, mit der man die Völker Europas vernichten will, ist der Islam." Die Kritik an die Asylpolitik geht bei den Pegida-Kundgebungen Hand in Hand mit einer starken islamkritischen und später mit einer klaren islamfeindlichen Haltung.

Feindbilder: Das politische Establishment und die Presse

Beide, AfD und Pegida, haben eine für Protestbewegungen typische Anti-Establishment-Rhetorik. Im Kern geht es dabei um die Unterstellung, dass die gewählten Vertreter in den Parlamenten längst nicht mehr die Interessen der Wähler vertreten. Politiker „haben den Kontakt zur Basis schon lange verloren und ihre Wähler verraten", sagt Lutz Bachmann auf einer der ersten Pegida-Demonstrationen am 15. Dezember 2014 und schlussfolgert: „Sie wurden gewählt als Volksvertreter, entpuppen sich aber als Volksverräter." Es gibt eine große Nähe zwischen AfD und Pegida. Wobei es vielen Pegida-Anhängern nicht gefällt, dass die AfD am parlamentarischen System teilnimmt.

Einig sind sich Pegida- und AfD-Anhänger mit ihrer Forderung: „Merkel muss weg". Und bei beiden hat das Wort „Lügenpresse" anhaltend Konjunktur. Man dreht sich weg, wenn Journalisten klassischer Medien einem das Mikrofon hinhalten, bezichtigt sie der Lüge oder greift sie auf den Pegida-Märschen tätlich an. Sowohl Pegida-Organisatoren als auch die meisten AfD-Politiker lehnen Interviewanfragen der „Mainstream-Medien" ab. Das hindert sie aber nicht daran, fleißig in Talkshows zu gehen, wo sie mit ihren Themen unmittelbar ein großes Publikum erreichen können, ohne sich einer journalistischen Überprüfung ihrer Behauptungen aussetzen zu müssen.

Volksentscheide

Weil die Bürger den Politikern angeblich nicht mehr vertrauen können, sollen Volksabstimmungen dieses Defizit kompensieren. Das fordern führende Pegida-Anhänger, und das ist ein Punkt, der sich auch im AfD-Parteiprogramm wiederfindet. Im dritten Positionspapier, in den „Dresdner Thesen" vom 15. Februar 2015, fordert Pegida die „Einführung von Volksentscheiden auf Bundesebene nach Vorbild der Schweiz, um parallel zum Parteiensystem ein zweites Standbein der Demokratie zu installieren." Hinter dieser Forderung nach direkter Demokratie steckt unverhohlen eine Kritik an der Parteien-Demokratie in der jetzigen Form: „Unsere Feinde sitzen in den Parteien, dem

Selbstversorger- und Postensystem" sagt Tatjana Festerling in ihrer Rede vom 1. Juni 2015.

Russland

Wie in der AfD genießt der russische Präsident Wladimir Putin auch bei Pegida-Gründer Bachmann und einigen seiner Mitstreiter hohen Respekt. Bei der Pegida-Kundgebung erscheint Bachmann am 7. September 2015 in einem T-Shirt, das Putins Konterfei zeigt, dazu die Aufschrift „Freundschaft." Diese Sympathie drückt sich sowohl in den Reden („Danke, Wladi!"), als auch in der offiziellen politischen Positionierung der Bewegung aus: „Sofortige Normalisierung des Verhältnisses zur russischen Föderation und Beendigung jeglicher Kriegstreiberei" heißt es in den „Dresdner Thesen". Bachmann scheut sich nicht, mit den Nachtwölfen auf Fotos zu posieren, ultranationalistischen, Putin-nahen Rockern.

Außerdem teilen Pegida und AfD die Kritik an der „Geschlechtergleichmacherei" und kritisieren eine vermeintliche „Frühsexualisierung", die durch die schulische Sexualerziehung stattfinde.

Zwischen Nähe und Abgrenzung

Pegida und die AfD sind „natürliche Verbündete", sagt AfD-Vize Alexander Gauland. Doch die meisten führenden AfDler, vor allem jene, die nicht zur Patriotischen Plattform um Tillschneider gehören, zeigen sich nur ungern mit Pegida-Anhängern auf der gleichen politischen Bühne.

Anfang 2015 trifft die sächsische AfD-Landtagsfraktion um Frauke Petry offiziell mit den Pegida-Organisatoren zusammen. Dabei werden lediglich einige „inhaltliche Schnittmengen" festgestellt. Die AfD ist keinerlei offizielle Zusammenarbeit mit Pegida eingegangen. André Poggenburg, AfD-Landeschef in Sachsen-Anhalt, sagt später, dass es trotz inhaltlicher Parallelen keinen Schulterschluss mit den „handelnden Personen" von Pegida geben wird. Wobei diese strikte Trennung zwischen Pegida und AfD nur für die Führungsebene gilt. Schaut man sich die AfD-Politiker aus der zweiten und dritten Reihe an, findet man immer wieder Personen, die in beiden Organisationen involviert waren oder sind.

Pegida-Gründer und Unterstützer in der AfD

Mehrere AfD-Landespolitiker in Sachsen unterstützen Pegida: Achim Exner, AfD-Politiker im Kreisvorstand Dresden, war laut Recherchen der „Sächsischen Zeitung" von Anfang an beteiligt an der Organisation der Pegida-Kundgebungen. Durch ihn seien auch weitere Kontakte zur AfD entstanden, so der Politikwissenschaftler Hans Vorländer von der TU Dresden. Pegida-Hauptredner Bachmann bekommt ab der vierten Demonstration Unterstützung von Mario Assmann, AfD-Kreisvorstandsmitglied in Meißen. Assmann stellt einen Verkaufswagen und die Tonanlage für die wöchentlichen Kundgebungen zur Verfügung und sichert damit die technischen Voraussetzungen für Großdemonstrationen.

Hans-Thomas Tillschneider, AfD-Landtagsabgeordneter in Sachsen-Anhalt und Wortführer der Patriotischen Plattform, fordert sogar das Bundesverdienstkreuz für Lutz Bachmann für den Aufbau von Pegida. Tillschneider, der nach eigenen Angaben auch den Leipziger Ableger der Bewegung beraten hat, trat auch als Redner bei Pegida auf – wofür er von AfD-Parteiführung heftig gescholten wurde.

Sprungbrett Pegida

Einige Pegida-Organisatoren haben versucht, ihr Engagement in der Protestbewegung zu nutzen, um Karriere in der AfD zu machen. Pegida-Mitgründer Siegfried Däbritz hat bekannt gegeben, als AfD-Direktkandidat in Meißen für den Bundestag kandidieren zu wollen. Der Kreisverband entschied sich aber gegen seine Aufnahme. Bis heute ist Däbritz der einzige Pegida-Wortführer, der auf einer AfD-Kundgebung aufgetreten ist, am 18. Mai 2016 in Erfurt.

Auch Pegida-Mitgründer Thomas Tallacker will im Kreisverband Meißen in der AfD aktiv werden. Sein Aufnahmeantrag wird noch geprüft. Die örtliche AfD frohlockte bereits, dass Tallacker aus der CDU ausgetreten ist und nun bei der AfD mitmachen will.

Kathrin Oertel, Pegida-Mitbegründerin und Ex-Pressesprecherin, bewirbt sich nach Angaben des Landesvorsitzenden André Poggenburg im Juni 2016 umeinen Job bei der AfD-Fraktion Sachsen-Anhalt. „Sie ist politisch engagiert und ist ganz nah bei uns", sagt Poggenburg der „Magdeburger Volksstimme". Oertels Engagement bei der Partei hat sich bis jetzt aber nicht konkretisiert.

Karriere nach AfD

Dass Pegida so lange so viele Anhänger hatte, lag auch an den Reden von Tatjana Festerling. Sie gehört zu den Gründern des Hamburger AfD-Landesverbandes. Am 26. Oktober 2014 demonstrierten in Köln mehrere Tausend Hooligans gegen Salafisten (HoGeSa), die Hooligans attackierten die zahlenmäßig unterlegene Polizei, Journalisten, Bürger.

Festerling schreibt später: „Heute Abend ziehe ich meinen Hut vor den Hools, vor Euch. Vor dem, was Ihr in sechs Wochen auf die Beine gestellt habt!" Ihrem Ausschluss aus der AfD kommt Festerling zuvor, indem sie selbst die Partei verlässt. Sie wird das radikale Gesicht von Pegida. Ihre Reden verschärfen spürbar den Ton auf den Montagsdemos.

Im April 2015 tritt sie als parteilose Kandidatin für das Amt des Dresdner Oberbürgermeisters an. Nach Festerlings eigenen Angaben finanzieren Pegida-Anhänger ihren Wahlkampf mit 25.000 Euro. Im ersten Wahlgang erhält sie 9,6 Prozent der Stimmen, im zweiten Wahlgang tritt sie nicht mehr an. Kurz darauf überwerfen sich Festerling und Lutz Bachmann, warum, ist bis heute nicht bekannt. Wenig später wird sie aus dem Bündnis ausgeschlossen.

Profitiert die AfD von PEGIDA?

Die Straßenproteste von Pegida nützen der AfD – sie versorgen sie mit Ideen, Unterstützern und fungieren wie eine inoffizielle Plattform, auf der man politische Strategien und Botschaften testen kann. Zwar bleibt Pegida unabhängig von der AfD und will weiterhin als eigenständige Bürgerbewegung auftreten. Doch sie hat maßgeblich zum Erfolg der AfD beigetragen.

Umfragen zeigen, dass viele Pegida-Demonstranten der AfD zugeneigt sind. Laut dem Politikwissenschaftler Werner J. Patzelt hätte bei der letzten Bundestagswahl 2013 jeder dritte Pegida-Anhänger die AfD gewählt – hätte es die Bewegung damals schon gegeben. Bis Januar 2016 steigt die Beliebtheit der Partei unter den Pegida-Anhängern: Laut Patzelts Daten unterstützen zu diesem Zeitpunkt 82 Prozent der Pegida-Anhänger die AfD. Im November 2016 spricht Pegida-Frontmann Lutz Bachmann eine offizielle Wahlempfehlung für die AfD aus – und bestätigt, was die Umfragen längst sagen: „Das sind deine Wähler, Frauke. Und hier musst Du sein." Auch wenn die AfD-Vorderen die Pegida-Demos meiden, hält Bachmann die AfD für die einzige Wahloption für Pegida-Anhänger. In der Rede am 26. November 2016 sagt er, die AfD sei „unser natürlicher Partner" und Petry „unsere Kanzlerin".

Was sind die Gründe für diese klare Wahlempfehlung? Mitte 2016 gründet Bachmann die Freiheitliche Direktdemokratische Volkspartei (FDDV), doch es gelingt ihm nicht, die Partei zu etablieren. Der Versuch, Pegida im politischen Spielfeld zu verankern, scheitert. Gleichzeitig sinkt die Zahl der Pegida-Spaziergänger, die Demonstrationen verlieren an Bedeutung, zwischenzeitlich zieht Bachmann nach Teneriffa um.

Der thüringische AfD-Landesvorsitzende Björn Höcke jedoch hält weiter tapfer zu Pegida. Von Anfang an macht er aus seiner Sympathie keinen Hehl: Pegida und AfD kämpften „Schulter an Schulter gegen Multikulti und Islamisierung", sagt er in einer Videobotschaft zum zweijährigen Pegida-Geburtstag. Er sieht

Pegida als Wegbereiter für den Wahlerfolg der AfD und bekräftigt: „Ohne Pegida wäre die AfD nicht so wie sie ist."

Kein Wunder, dass sich die Thüringer AfD nicht an die strenge Trennung zwischen Pegida-Aktivisten und der Partei hält und Pegida-Mitbegründer Siegfried Däbritz auf einer AfD-Demonstration als Redner einlädt.

Als Höcke am 17. Januar 2017 im Dresdner Ballhaus Watzke seine berüchtigte „Denkmal der Schande"-Rede hält, stellt Pegida die Saalordner. Unterstützung für Höcke kommt auch, nachdem die AfD seinen Parteiausschluss erwägt: Pegida fordert in den sozialen Medien, dass Höcke in der AfD bleiben soll. Die Wechselwirkung zwischen der Protestbewegung und der AfD bringt vor allem der Partei Vorteile: Die AfD verfügt über ein Sprachrohr auf der Straße, muss aber für die Inhalte nicht haften. Pegida bietet sich an als politisches Experimentierfeld für eine junge Partei und trägt wesentlich bei zur Mobilisierung von rechtskonservativen, rechtsradikalen, aber auch verunsicherten, sich politisch heimatlos fühlenden Bürgern. Die Facebook-Seite von Pegida wirbt neuerdings auch für AfD-Kundgebungen. Das passt den meisten Pegida-Anhängern gut: Rund 60 Prozent der Demonstranten sagen, dass die Bewegung mit der AfD zusammenwirken soll.

Der Dresdner Politikwissenschaftler Patzelt kommt zu der Schlussfolgerung, dass „Pegida und AfD vom gleichen Fleisch sind" und schreibt: „Als Wahlmotivator wirkt mehr und mehr eine AfD", die sich, wenn auch unausgesprochen, „zur Pegida-Partei entwickelt hat."

Das Institut für Staatspolitik

In einem ehemaligen Rittergut in der winzigen Ortschaft Schnellroda in Sachsen-Anhalt ist das Institut für Staatspolitik (IfS) beheimatet. Eine rechte Denkfabrik, finanziert durch Spenden, unterstützt von einem Förderkreis und der Titurel-Stiftung. Auf deren Webseite wird das AfD-Mitglied Andreas Lichert als Kontaktperson angegeben. In der Festschrift zum zehnjährigen Bestehen des IfS wird ein Gönner mit den Worten zitiert: „Es muß außer mir doch noch ein paar ältere Herrschaften geben, die kein Interesse daran haben, daß eines Tages ihre linksliberalen Enkel das Geld garantiert nicht in ihrem Sinne einsetzen." Das IfS sieht sich als Ideengeber und Schulungszentrum. Jedes Jahr wird eine Sommer- und Winterakademie abgehalten, dazu kommen einzelne Seminare. AfD-Mitglieder nehmen daran teil, Burschenschafter, NPDler, Angehörige der Identitären Bewegung. Zu den Referenten gehören AfD-Politiker wie Marc Jongen oder Björn Höcke, genau wie Martin Sellner, der Chef der Identitären Bewegung in Österreich.

Gegründet wird das Institut für Staatspolitik im Jahr 2000 von dem Geschichtslehrer und Buchautor Karlheinz Weißmann, dem neurechten Vordenker Götz Kubitschek und einigen anderen.

Kubitschek ist schon früh in der rechten Szene aktiv. 1996 beteiligt er sich an den Demonstrationen gegen die Wehrmachtsausstellung des Hamburger Instituts für Sozialforschung. Die Ausstellung thematisiert die Verbrechen der Wehrmacht während der Nazizeit und sorgt bundesweit für Aufregung.

Auch Dieter Stein, Gründer der neurechten Wochenzeitung „Junge Freiheit", ist lange Zeit eng mit dem Institut verbunden. Die drei – Stein, Kubitschek, Weißmann – gehören in den 1990er Jahren der Deutschen Gildenschaft an, einem Zusammenschluss von nicht-schlagenden Studentenverbindungen.

Die „Junge Freiheit" und das IfS setzen anfangs auf Arbeitsteilung: Die „Junge Freiheit" organisiert eine rechte Gegenöffentlichkeit, das IfS vertieft die rechte Theorie.

Auf seiner Webseite nennt das IfS folgende Schwerpunkte:
> Der herrschende Pluralismus wird als Bedrohung für den Staat angesehen.
> Die Identität des Volkes sei durch „die politische Linke" bedroht. Die „Sozialdemokratisierung", auch von CDU, CSU und FDP, sei eine Gefahr für den „Weiterbestand des deutschen Staates".
> Als besonders gefährlich gelten dem IfS die derzeit verbreiteten „Haltungen zur multikulturellen Gesellschaft" und zum „geschichtspolitischen Missbrauch der deutschen Vergangenheit".
> Zuwanderung: „Viele Migranten bedrohen den Rechtsfrieden und verachten die deutsche Mehrheitsgesellschaft." Die politisch Verantwortlichen unternähmen nichts dagegen.
> Das IfS will das Volk deshalb ermutigen, „seine Interessen im Sinne des Ganzen selbstbewusst durchzusetzen".

Seit 2003 gibt das Institut die Zeitschrift „Sezession" heraus, mit Kubitschek als Chefredakteur. Zudem betreibt Kubitschek den Verlag Antaios, der Autoren aus dem rechten Lager verlegt (siehe Kapitel: Die Medien der Neuen Rechten).

Mit dem Aufstieg der AfD kommt es 2013 zum Zerwürfnis zwischen Weißmann und Stein auf der einen und Kubitschek auf der anderen Seite. Weißmann und Stein sehen in der AfD die Chance, eine Partei rechts von der CDU zu etablieren. Kubitschek wittert in der AfD die Gefahr, dass über die Abgrenzung gegen rechts die reine Lehre verwässert. Er fürchtet, die AfD könne „Staubsauger" und „Kantenschere" für die rechten Ideen sein.

Im Oktober 2013 kommt es zum Eklat. Kubitschek hat in Berlin eine Buchmesse organisiert, zu der auch der italienische Neofaschist Gabriele Adinolfi und der Ungar Martin Gyöngyösi von der rechten Jobbik-Partei eingeladen sind. Dieser hat eine Registrierung der Juden in Ungarn gefordert.

Die „Junge Freiheit" zieht ihre Beteiligung an der Buchmesse zurück und kritisiert die Teilnahme der beiden Referenten. Kubitschek reagiert erbost und stellt die Loyalität der früheren Kampfgenossen in Frage. Karlheinz Weißmann verlässt das Institut. Seither hat Kubitschek allein das Sagen.

Das IfS ist klein. Eine Handvoll Unterstützer arbeitet ehrenamtlich, Kubitscheks Antaios-Verlag bietet die organisatorische Basis. Kubitschek unterhält Beziehungen zu Pegida, tritt auf deren Kundgebungen regelmäßig als Redner auf und steht der Identitären Bewegung nahe.

In der Hochphase der Flüchtlingskrise veröffentlicht er im Dezember 2015 die Schrift „Zum politischen Widerstandsrecht der Deutschen" des rechten Juristen Thor von Waldstein, der 1984 für die NPD für das Europaparlament kandidierte.

Von Waldsteins These: Die Bundesregierung hole willentlich Millionen Fremde ins Land, um das deutsche Volk zu zersetzen. Oder, in von Waldsteins Juristendeutsch: „In der Gesamtschau erhärten diese Fakten den Schluss, dass die Regierung die verfassungswidrige Beseitigung des Souveräns, des deutschen Volkes, nicht nur fahrlässig hinnimmt, sondern vorsätzlich durch millionenfache, willkommenskulturbeschleunigte Einschleusung rechtswidrig eingedrungener und weiter illegal eindringender Migranten ins Werk zu setzen beabsichtigt."

Danach nennt von Waldstein verschiedene Widerstandsformen, die gegen die Regierung möglich und zu rechtfertigen seien: Blockaden von Grenzen und Flüchtlingsheimen, die Durchtrennung von Strom- und Heizleitungen, und so weiter.

Auch Kubitschek möchte zur Tat schreiten. „Hunderttausende sind in den vergangenen beiden Jahren aktiv geworden", schreibt er im Sommer 2016 auf sezession.de, und „dieses Potential wartet nun auf den Herbst und den nächsten Schritt". Und weiter: „Es ist wahrlich alles gesagt. Lasst uns handeln."

Lutz Meyer, einst in der links-anarchischen Szene beheimatet und nun einer der Autoren Kubitscheks, beschreibt auf sezession.de die Suche nach dem „archimedischen Punkt, von dem aus die Welt aus den Angeln zu heben wäre". Meyer macht Angriffspunkte im „globalen Datennetz" und in „der Energieversorgung" aus, beide „Großsysteme sind dezentral organisiert". Diese auszuschalten, „das wäre widerständiges Handeln schlechthin", schreibt Meyer. Und: „Der Griff in die Speichen des Rades will sorgfältig geplant sein." Mit anderen Worten: In diesem Artikel fantasiert der Autor über Terroranschläge, wenngleich er nicht ausdrücklich von Gewalt gegen Menschen spricht.

Kubitschek glaubt, angesichts des heutigen Notstands sei es „durchaus legitim, die kleine Ordnung zu verletzen, um die große Ordnung zu retten". Es sei erlaubt, einen Grenzübergang oder ein Asylheim zu blockieren. Kubitschek schließt: „Das deutsche Volk darf weder überfallartig noch schleichend ausgetauscht werden."

Kubitschek steckt auch hinter der Internetplattform einprozent.de. Zusammen mit Jürgen Elsässer, dem Herausgeber von „Compact", dem AfD-Politiker Hans-Thomas Tillschneider und dem Staatsrechtler Albrecht Schachtschneider. Die Idee: eine Art völkisches Greenpeace zu gründen, um durch spektakuläre Aktionen „kulturelle Hegemonie" zu erlangen. Schon 2011 sagte Kubitschek gegenüber 3Sat, dass wir in Deutschland in einem „geistigen Bürgerkrieg leben, in dem es um die Existenz unseres Volkes geht."

Die Idee geht zurück auf den italienischen Philosophen Antonio Gramsci. Der gehört zu den Gründern der kommunistischen Partei Italiens, saß unter Mussolini im Gefängnis und entwickelte damals die Strategie, dass eine linke Bewegung nur dann die Macht in einem Land übernehmen könne, wenn sie zuvor die „kulturelle Hegemonie" erobert hätte. Wenn es ihnen gelingt, die eigenen Ziele als die allgemeinen Ziele darzustellen. Diese einst linke Strategie ist längst im rechten Meinungsspektrum angekommen. Das neurechte Denken soll die Hinterzimmer verlassen und die Medien, die Universitäten und den öffentlichen Raum bestimmen.

Im Dezember 2016 veröffentlicht Marcus Pretzell, AfD-Chef in Nordrhein-Westfalen, Gatte und engster politischer Vertrauter Frauke Petrys, eine Abrechnung mit Kubitschek und den Ideologen aus Schnellroda unter dem Titel „Bekenntnisse eines Realisten gegen die Romantiker".

Darin schreibt Pretzell: Kubitscheks Ideal sei der „faschistische Künstler", welcher der „Realität entflieht und sein Reich der Kunst aufbaut". Die AfD stehe für Realpolitik, Kubitschek aber betreibe „Metapolitik". Pretzell weiter: „Der Götzenkult von Schnellroda bietet keine Perspektive, er ist ein purer Opferkult. Im Zentrum steht oft der Selbstmord des Helden, meistens verübt mit großem Brimborium."

Kubitschek zelebriere seit Jahren „die Geste des Untergangs" und gebe sich „neuerdings als Einflüsterer einzelner AfD-Vertreter" aus. Damit spielt Marcus Pretzell auf Björn Höcke an, den Anführer des völkisch ausgerichteten Parteiflügels.

Höcke und Kubitschek kennen sich seit Langem. 2010 besuchen beide gemeinsam eine von der NPD dominierte Demonstration zum Jahrestag des Bombardements auf Dresden. Höcke nennt Kubitschek einen „Freund" – und der Ort, an dem Höcke 2015 seine rassistische Rede über den „afrikanischen Ausbreitungstyp" hält, ist dessen IfS in Schnellroda. Als Höcke Anfang 2017 in Dresden seine „Denkmal der Schande"-Rede hält, ist Kubitschek unter den Zuhörern.

Am Tag darauf lobt Kubitschek die Rede auf sezession.de. „Wer Höckes gestrige Rede skandalisiert, instrumentalisiert die noch immer wirkmächtige erinnerungs- und geschichtspolitische Deutungsmacht eines unter Druck geratenen politisch-medialen

Komplexes, der seine Politik und sein Wirken gegen unser Volk ausgerichtet hat."

Die Identitäre Bewegung

Mit einer spektakulären Aktion macht die Identitäre Bewegung im August 2016 bundesweit auf sich aufmerksam: Vermummte Aktivisten besteigen das Brandenburger Tor und entrollten unterhalb der Quadriga ein Plakat mit der Aufschrift: „Sichere Grenzen – Sichere Zukunft."

Auf ihrer Internetseite und auf Facebook dokumentieren die Aktivisten die Aktion, Medien berichten bundesweit. Auf einen Schlag wird die Identitäre Bewegung bekannt. Abgekürzt: IB.
Die IB stammt ursprünglich aus Frankreich. Eine national-revolutionäre Jugendbewegung, die sich dem „Ethnopluralismus" und dem Kampf gegen den „Großen Austausch" verschrieben hat. Diesen Begriff hat der französische Autor Renaud Camus in seinem Buch „Revolte gegen den Großen Austausch" geprägt, das unter Rechtsradikalen als Standardwerk gilt. Der Grundgedanke: Den Völkern und Ethnien Europas droht das Verschwinden, weil der massenhafte Zuzug von Muslimen sie zu einer Minderheit machen wird.

In Deutschland ist die Initialzündung das Buch „Deutschland schafft sich ab" von Thilo Sarrazin. Der Sozialdemokrat und ehemalige Finanzsenator von Berlin malt jenes Schreckgespenst aus, das diese Bewegung am meisten fürchtet: Dass die Identität des deutschen Volkes über die Zuwanderung verloren geht. In Deutschland ist die Bewegung noch relativ klein. Derzeit hat sie geschätzt 400 Mitglieder, vor allem in den östlichen Bundesländern.

Als Zeichen dient der Gruppierung der altgriechische Buchstabe Lambda aus dem Film „300", der den Kampf eines kleinen Spartaner-Heeres gegen die übermächtigen persischen Horden zeigt. Die heranstürmenden Perser werden in diesem Film als kaum menschenähnliche Kreaturen dargestellt, gegen die sich die tapferen Griechen bis zum Tod wehren.

Der Wortführer der deutschsprachigen Bewegung kommt – wieder mal – aus Österreich. Martin Sellner, 28 Jahre alt, tummelte sich in seiner Jugend in österreichischen Neonazi-Kreisen. Sellners Weg ähnelt dem vieler anderer Mitglieder der Identitären: Viele von ihnen waren zuvor in rechtsextremen Gruppen aktiv. Andere kommen aus Studentenverbindungen.

Sellner selbst bezeichnet seine Vergangenheit heute als Jugendsünde und bemüht sich, die Identitären von den Neonazis zu trennen. In langen Youtube-Videos doziert Sellner über den Ethnopluralismus. Er will die Identitäre Bewegung als eine friedliche Organisation darstellen, die nichts mit dem braunen Gedankengut der Neonazis zu tun habe.

Völkische Happenings wie die Besteigung des Brandenburger Tors gehören zur Strategie der Identitären. In Österreich hat Sellners Truppe im November 2016 das Denkmal der Kaiserin Maria Theresia mit einer Burka verhängt.

Die „Identitäre Bewegung Deutschland" (IBD) wird vom Bundesamt für Verfassungsschutz beobachtet, da Anhaltspunkte für Bestrebungen gegen die freiheitliche demokratische Grundordnung vorliegen.

Daniel Fiß von der IBD kann das nicht nachvollziehen. Man wende sich nicht gegen die „verfassungsmäßige Ordnung", sondern wolle mit „provokativen Aktionen" die aktuelle Regierungspolitik und die „Masseneinwanderung" kritisieren, sagt Fiß. Die 68er-Ideologie hat „diese Nation dem Großen Austausch preisgegeben".

Götz Kubitschek ruft nach der Besetzung des Brandenburger Tors dazu auf, die Identitären finanziell zu unterstützen. Er steht der Bewegung mit Rat und Tat zur Seite, und die Aktivisten besuchen die Sommer- und Winterakademien des Instituts für Staatspolitik. Kubitschek sieht in Sellner gar einen rechten Rudi Dutschke.

Die AfD will offiziell nichts mit der Identitären Bewegung zu tun haben und besteht auf Trennung. Der Chef der Jungen Alternative, Markus Frohnmaier, hat allerdings zugegeben, er wolle diese Abgrenzung vor allem aus taktischen Gründen. Denn sonst könnten Bundeswehrsoldaten, Polizisten und Beamte davon abgeschreckt werden, Mitglied der AfD zu sein.
Die Abgrenzung ist in der AfD jedoch umstritten. In Sachsen-Anhalt kämpft der AfD-Landtagsabgeordnete Hans-Thomas Tillschneider für eine Öffnung nach rechts. Gegenüber CORRECTIV sagt er, er halte den Beschluss der AfD für falsch, sich von den Identitären abzugrenzen. Er würde sich zwar nicht darüber hinwegsetzen, aber versuchen, diesen Beschluss mit „guten Argumenten" zu widerlegen. Tillschneider steht der Patriotischen Plattform in der AfD vor. Sie wirbt auf ihrer Webseite für eine Zusammenarbeit mit der Identitären Bewegung.

Auch der freie Journalist Matthias Matussek kann sich für die Identitären erwärmen. Es gebe doch „Gründe für die Entstehung einer Identitären Bewegung, denn wir leben in Zeiten, in denen der Zustrom von knapp einer Million antisemitischer, aufklärungsfeindlicher, großteils analphabetischer Muslime dafür sorgt, dass wir ernsthaft über verfassungswidrige Kinderehen diskutieren müssen, die allerdings von den Grünen aus Folkloregründen teilweise begrüßt werden, da sie in den Herkunftsländern Sitte seien", schreibt er in der „Weltwoche". Matussek beschreibt die IB-Aktivisten als mutige, junge Männer, die keine Bomben basteln, sondern Nietzsche und Heidegger lesen, von „überschäumendem Optimismus" sind und mit der Zahl ihrer Gegner wachsen.

Die Reichsbürger

Die einen schotten sich ab und wollen einen eigenen Staat gründen. Andere sind Steuerverweigerer und beharren darauf, keine Buß- oder Strafgelder zu zahlen. Sie gründen Scheinstaaten, bilden Regierungen und geben Ausweise oder Führerscheine heraus. Für das Königreich Deutschland in Thüringen zum Beispiel. Wieder andere gehören rechtsextremistischen Gruppen an, horten Waffen und schrecken nicht davor zurück, Polizeibeamte zu attackieren.

So verschieden die Reichsbürger sind, sie eint ein gemeinsamer Glaube: Dass die Bundesrepublik kein souveräner Staat sei. Weil formal-juristisch weiterhin das Deutsche Reich in den Grenzen von 1937 existiere. Die Bundesrepublik Deutschland? Nicht rechtmäßig. Oder auch: nur eine GmbH.
Weitere Glaubenssätze der Reichsbürger-Bewegung sind:
> die „jüdische Hochfinanz" treibt die EU in den wirtschaftlichen Abgrund.

> das Grundgesetz ist keine Verfassung, da es nicht vom deutschen Volk in einer Abstimmung legitimiert wurde.
> Deutschland ist weiterhin ein besetztes Land und wird von den USA aus gesteuert.

Diese abseitig anmutenden Theorien kursieren seit langem. Doch erst im Jahr 1985 gründet der West-Berliner Eisenbahner Wolfgang Ebel eine erste „Kommissarische Reichsregierung". Ebel nennt sich danach Reichskanzler und verkauft selbst produzierte „Reichsdokumente". Spätere Gerichtsverfahren gegen ihn wegen Amtsanmaßung, Titelmissbrauchs und Todesdrohungen werden wegen Schuldunfähigkeit des Betroffenen eingestellt.

Ebel jedoch wird zum Vorbild für viele spätere Reichsbürger, die der Bundesrepublik absprechen, ein legitimer Staat zu sein. Der Rechtsextremist und Holocaust-Leugner Horst Mahler wiederum bereichert die Reichsbürger-Ideologie um antisemitische Thesen: Er behauptet, die Gesetze der Bundesrepublik seien aufgrund der jüdischen Weltherrschaft nicht wirksam. Eine bis heute weit verbreitete These der Reichsbürger.

Von 2009 an betreibt der Koch, Karatelehrer und Videothekar Peter Fitzek die Gründung eines Deutschen Reichs in den Grenzen von 1937. Er gibt als Währung das „Engelgeld" heraus, will aus Kampfsportlern eine „Neue Deutsche Garde" rekrutieren und gründet eine eigene Krankenkasse. Am 16. September 2012 ruft Fitzek in Wittenberg vor Untertanen die Gründung des „Königreichs Deutschland" aus. Er selbst proklamiert sich zum König. Seit September 2016 muss sich Fitzek vor dem Landgericht Halle wegen Veruntreuung von bis zu 1,3 Millionen Euro verantworten – Geld, das ihm seine Untergebenen überlassen hatten. Nach Angaben des Gerichts sollen insgesamt 574 Kunden rund 1,7 Millionen Euro auf Sparbücher eingezahlt haben.

Vor Gericht weist Fitzek die Vorwürfe der Staatsanwaltschaft zurück und sagt, dass er sich immer dem Allgemeinwohl verpflichtet gefühlt habe.

Ebenfalls 2012, am 1. Mai, ruft Peter Frühwald die „Republik Freies Deutschland" aus; er selbst ist Präsident, Justizminister und Oberster Richter. Es gilt die Weimarer Reichsverfassung. Frühwald bietet der Bundesrepublik, den Vereinten Nationen und der Russischen Föderation die Aufnahme diplomatischer Beziehungen an. Wiederholt geraten Anhänger dieser Republik mit den Behörden aneinander.

Im Juli 2012 etwa beschlagnahmt die Polizei auf einem Gelände in Berlin 500 Sprengkapseln und 127 Leuchtkörper. Insgesamt über 280 Kilo „Explosionsstoffmenge" und damit 230 Kilo mehr, als Daniel S., gelernter Pyrotechniker, besitzen darf. Am stacheldrahtbewehrten Tor des Grundstücks steht das Schild: „Republik Freies Deutschland – Hoheitsgebiet". 2013, kurz vor seinem Prozess, flieht Daniel S. aus dem Maßregelvollzug.

Adrian Ursache, ein weiterer Anhänger der Reichsbürger-Bewegung aus Reuden, verweigert jahrelang die Zahlung von Grundschulden. Als im August 2016 ein Gerichtsvollzieher, unterstützt von zwei Hundertschaften Polizei, ihn und seine Familie zwangsräumen wollen, eröffnet der ehemalige Mister Germany das Feuer auf die Polizisten. Die Beamten schießen zurück. Ursache wird schwer, zwei Polizisten des Spezialeinsatzkommandos (SEK) werden leicht verletzt.

Endgültig ins Rampenlicht der Öffentlichkeit treten die Reichsbürger am 19. Oktober 2016. SEK-Beamte wollen im bayerischen Georgensgmünd die Waffen von Wolfgang P. beschlagnahmen.

Er ist Jäger, besitzt laut seiner Waffenbesitzkarte 31 Schießgeräte, verweigert den Behörden aber deren Kontrolle. Als sich die Einsatzkräfte dem Haus nähern, eröffnet P. ohne Warnung das Feuer. Er trifft einen der Polizisten tödlich.

Das Bundesamt für Verfassungsschutz geht derzeit von rund 10.000 Personen aus, die sich den Reichsbürgern zurechnen. In Bayern, zum Beispiel, schätzt das Innenministerium die Zahl der Reichsbürger auf 1700, ein Fünftel davon soll Waffen besitzen.

Anfang 2017 kommt es in sechs Bundesländern zu Razzien gegen eine mutmaßliche terroristische Vereinigung. Als Schlüsselfigur gilt Burghardt B., den Zeitungen bald als „Nazi-Druiden von Schwetzingen" bezeichnen. Einige Jahre zuvor galt B. lediglich als esoterischer Spinner: Mit langem, weißem Bart, im knöchellangen Gewand eines keltischen Druiden führte er Wandergruppen durch die Rhön und erzählte jedem, der es hören wollte, er sei in einer Winternacht vor 2.500 Jahren als Neffe des Zauberers Merlin geboren worden. Nun fordert er auf Facebook eine „Säuberungsaktion stalinistischen Ausmaßes" – und wird vom Generalbundesanwalt verdächtigt, eine bundesweit vernetzte Terror-Zelle errichtet zu haben, die Angriffe auf Polizisten, Asylbewerber und Juden geplant hat.

Die Reichsbürger und die AfD

Offiziell will die AfD nicht durch Nähe zu den Reichsbürgern auffallen. Aber es gibt Überschneidungen, unter den Anhängern, bei den Themen. Wiederholt sind AfD-Landtagsabgeordnete und -Kommunalpolitiker mit Facebook-Posts aufgefallen, die eine geistige Nähe zu den Thesen der Reichsbürger erkennen lassen.

Kay Nerstheimer, der für die AfD in das Berliner Abgeordnetenhaus gewählt wurde, schreibt am 7. Januar 2016: „Sind die Polithuren der BRD Treuhandgesellschaft mit Sitz in Frankfurt am Main völlig Gaga??" Auch wegen solcher Äußerungen läuft derzeit ein Parteiausschlussverfahren gegen Nerstheimer.

Bernd Ebhardt, der über eine AfD-Liste in den Kreistag Hersfeld-Rotenburg einzog, hat auf Facebook wiederholt Reichsbürger-typische Aufrufe geteilt, in denen der Bundestag als „Diktatur-Zentrum-BRD GmbH" bezeichnet wird. Ein im Internet kursierendes Bild zeigt ihn als „Innenminister des Deutschen Reichs". Ebhardts Facebook-Seite ist mittlerweile nicht mehr abrufbar, er hat auf sein Mandat verzichtet.

2014 zieht der parteilose Elektromeister Rainer Wink für die AfD ins Kommunalparlament von Bad Kreuznach ein. Wink vertritt auch öffentlich die These, dass die Bundesrepublik kein souveräner Staat sei und wird schließlich dafür aus dem Kommunalparlament ausgeschlossen. Im Mai 2016 erwischt ihn das Ordnungsamt zum wiederholten Mal damit, dass er mit dem Autokennzeichen „FREIHEIT 1" durch die Stadt fährt. Wink verriegelt die Türen; am Ende schlägt die Polizei die Scheiben seines Wagens ein, um den wild protestierenden Wink aus dem Fahrzeug zu ziehen.

Bis heute haben sich die führenden Köpfe der AfD nicht auf einen einheitlichen Umgang mit den Reichsbürgern geeinigt. Während AfD-Vize Beatrix von Storch Reichsbürger für „unvereinbar mit der AfD" hält, will sich Brandenburgs Alexander Gauland von den Reichsbürgern nicht distanzieren: Es seien „harmlose Irre", sagte er der „Märkischen Zeitung".

Franz Eibl, ein Lucke-Getreuer, der bis 2014 Pressesprecher des bayerischen AfD-Landesverbandes war, berichtet, er sei innerhalb der Partei mehrfach mit Thesen der Reichsbürger konfrontiert worden. Sei es von Parteimitgliedern, die diesen Thesen Glauben schenken, sei es über geschichtsrevisionistische Schriften, die einigen AfD-Anhängern als Basislektüre gelten.

AfD-Aussteiger Eibl erinnert in einem Blogeintrag auf starke-meinungen.de an den AfD-Bundesparteitag 2016. Dort habe ein Parteimitglied diesen Änderungsantrag für das Grundsatzprogramm eingereicht: Dass „im Zusammenhang mit der Bundesrepublik Deutschland an keiner Stelle von ‚Staat' und im Zusammenhang mit dem Grundgesetz für die Bundesrepublik Deutschland an keiner Stelle von ‚Verfassung' gesprochen werden" soll.

Nach dem Vorfall in Georgensgmünd sprach sich die SPD für eine Verschärfung des Waffenrechts aus. Auch für die CSU ist es klar, dass Anhänger der Reichsbürger-Bewegung keine Waffenerlaubnis bekommen sollen.

Die AfD hält dagegen an einem liberalen Waffenrecht fest: Ein liberaler Rechtsstaat müsse es „nicht nur ertragen können, dass Bürger legal Waffen erwerben und besitzen, sondern muss die Handlungsfreiheit seiner Bürger bewahren und freiheitsbeschränkende Eingriffe minimieren." Für Reichsbürger hieße das dann: weniger Kontrolle bei der Anschaffung und Besitz von Waffen.

Der Fall Edwin Hübner zeigt, dass die AfD durchaus Anhänger der Reichsbürger-Bewegung in ihren Reihen toleriert. Eine Beisitzerin des AfD-Kreisverbandes Kulmbach-Lichtenfels forderte

Hübners Ausschluss – er ist stellvertretender Kreisvorsitzender – nachdem der in einer ARD-Sendung gesagt hatte: „Wir sind besetzt. Und es gibt ja auch noch die berühmte Kanzlerakte: Nach jeder Bundestagswahl muss der gewählte Bundeskanzler mit dem Außenminister nach Amerika, und da weiß man ja, dass die dann ihre Anweisungen kriegen, unterstell ich."

Hübner weiter: Die Deutschen seien in den Krieg getrieben worden, die eigentliche Grenze Deutschlands liege hinter der Oder. Der Kreisverband entschied: Hübner darf seinen Posten behalten. Stattdessen trat die Beisitzerin zurück, die Konsequenzen für Hübners Äußerungen gefordert hatte.

Bis heute wartet man auch auf ein klares Statement der AfD-Vorsitzenden, dass sich die Partei klar und unmissverständlich von den Reichsbürgern distanziert. Von denen einige harmlose Spinner sind. Und sich andere an der Grenze zum Rechtsterrorismus bewegen.

9. Kapitel: Die Medien der Neuen Rechten

Von Camilla Kohrs

Im Internet findet heute jeder die Wahrheit, die er sucht. Gerade wenn es um heikle Themen wie Flüchtlinge, Russland oder den Islam geht, stehen sich immer häufiger komplett unterschiedliche Weltbilder gegenüber.

Längst stehen die von den Verächtern sogenannten „Mainstream"-Medien, die „Lügenpresse", unter einem Generalverdacht: Dass sie auslassen, lügen, manipulieren, sich vor den Karren anderer, mächtiger Interessen oder „Eliten" spannen lassen, gesteuert werden vom US-Geheimdienst CIA, vom israelischen Geheimdienst Mossad oder den Freimaurern.
Die „Beweise" dafür liefern ein paar wirkmächtige Medien, die sich weit außerhalb des gesellschaftlichen Konsenses stellen. Für jede noch so krude Verschwörungstheorie findet sich heute irgendwo ein Artikel, der sie belegt, gibt es vermeintliche „Experten", die all das bestätigen.

Eine Analyse des Bayerischen Rundfunks (BR) ergibt im Dezember 2016: Pegida-Anhänger informieren sich kaum noch in den klassischen Medien. Sondern bei der „Jungen Freiheit", bei „Compact" oder bei RT Deutsch, dem ehemaligen Russia Today. Einige dieser neuen Medien, wie KenFM, „Compact" und der Kopp-Verlag, behaupten, der klassische Konflikt zwischen Rechts und Links habe sich überlebt. Stattdessen gebe es nun ein Oben gegen Unten, das Volk kämpfe gegen die Eliten.

Die Wochenzeitung „Junge Freiheit", das Theoriemagazin „Sezession" und der Blog PI-News hingegen positionieren sich klar rechts. Für sie verkörpert die AfD die Hoffnung, ihrer Weltsicht endlich Gehör zu verschaffen. Wobei die Grenzen zwischen rechtskonservativ und rechtsradikal fließend sind.

Wir haben sieben Medien ausgewählt – und müssen alle anderen rechts liegen lassen. Etwa die „Blaue Narzisse", ein Magazin für „Jugend, Identität und Kultur", oder „Tichys Einblick" , ein von Roland Tichy gegründetes (Web-)Magazin, in dem der langjährige Chefredakteur der „Wirtschaftswoche" angebliche Manipulationen durch die etablierten Medien beklagt. Daneben gibt es noch die rechtsliberale Zeitschrift „eigentümlich frei", die Internetportale Epoch Times, Sputnik Deutschland und die Deutschen Wirtschaftsnachrichten. Die Szene ist mittlerweile riesig.

Die Wochenzeitung „Junge Freiheit"

Faktenbox: Junge Freiheit

Gegründet	1986
Besitzer	Dieter Stein u.a.
Chefredakteur	Dieter Stein
Reichweite	28.000 verkaufte Zeitungen pro Woche (IVW-geprüft)

Die AfD sei aufgestiegen wie „ein Phönix aus der Asche", schreibt Chefredakteur Dieter Stein in seinem ersten Kommentar über die neue Partei. Das ist im März 2013, die AfD wurde soeben gegründet, noch ist das Hauptziel der Partei, aus dem Euro auszutreten.

Der brandenburgische AfD-Landesvorsitzende Alexander Gauland hat gesagt: „Wer die AfD verstehen will, muss die ‚Junge

Freiheit' lesen." Tatsächlich liest sich das AfD-Parteiprogramm, als sei es aus den Themen der Wochenzeitung destilliert: Grenzen schließen. Vorsicht vor kriminellen Ausländern. Schluss mit der Massenzuwanderung. Rettet die traditionelle Familie.

Auch personelle Überschneidungen gibt es zwischen der AfD und der „Jungen Freiheit". Der ehemalige Redakteur Marcus Schmidt ist heute Sprecher der Brandenburger AfD-Fraktion, sein Ex-Kollege Ronald Gläser wird im September 2016 ins Berliner Abgeordnetenhaus gewählt. Noch im November desselben Jahres firmiert er im Impressum als verantwortlicher Redakteur für Medien.

Bis zum Sturz des Parteigründers Mitte 2015 unterstützt Stein den wirtschaftsliberalen AfD-Flügel um Lucke. Er sieht in der AfD eine bürgerliche, nationalkonservative Partei. Den völkischen Flügel um Björn Höcke lehnt der Chef der „Jungen Freiheit" ab.

Seit seiner Jugend hoffe er auf eine politische Kraft rechts der CDU, sagt Dieter Stein. Deshalb sei er auch den „Republikanern" beigetreten, aus Enttäuschung aber auch wieder ausgetreten. Auch der Bund Freier Bürger und die Schill-Partei verschwanden. Nun also die „Alternative für Deutschland".

Über die AfD sagt Stein bereits 2013: „Für Skepsis gibt es tausend gute Gründe – ich habe die Hoffnung, daß unser Parteienspektrum eine dringend notwendige Ergänzung erfährt."

Stein gründet die „Junge Freiheit" als Schülerzeitung, 1986 in Freiburg. Später lässt er sie vor allem von Burschenschaftern gratis an Universitäten verteilen. 1990 gründen zehn Hauptautoren die Junge Freiheit Verlag GmbH, seit 1994 erscheint die Zeitung im Wochenrhythmus. Mittlerweile hat die „Junge Freiheit" eine IVW-geprüfte Auflage von 28.000 verkauften Exemplaren.

Die „Junge Freiheit" bezeichnet sich selbst als „national, liberal und konservativ". Vier Werte, so das Leitbild, stehen im Mittelpunkt: Nation, Freiheitlichkeit, Konservatismus, Christentum. Die Zeitung wolle dazu beitragen, aus Deutschland wieder eine selbstbewusste Nation zu machen. „Wir wollen ein positiveres Verständnis von der deutschen Geschichte vermitteln", sagt Dieter Stein im Interview mit CORRECTIV.

Von den zehn Hauptautoren aus der Gründungszeit sind heute nur noch drei dabei, inklusive Stein. Der Rest hat die „Junge Freiheit" verlassen. Wie Martin Schmidt, der heute für die AfD in Rheinland-Pfalz im Parlament sitzt. Oder Hans-Ulrich Kopp, ein Burschenschafter, der mit extremen Ansichten liebäugelt. Er hat die „Junge Freiheit" nach einem Streit über den Redakteur Andreas Molau verlassen. Der hatte einen Gastartikel veröffentlicht, in dem der Holocaust relativiert wurde. Dieter Stein feuerte Molau. Kopp hätte ihn gern in der Redaktion behalten.

Zu den Pionieren gehört auch Peter Kienesberger, der in den 1960er Jahren in Italien mehrfach zu lebenslänglichen Freiheitsstrafen verurteilt wurde – wegen eines terroristischen Anschlags mit vier Toten. Der Österreicher kämpfte für eine Abspaltung Südtirols. In seinem Heimatland wurde er freigesprochen. Österreich lieferte ihn nicht an Italien aus, dem Gefängnis entging er dadurch. In den 1970er Jahren zog Kienesberger nach Deutschland. Der bayerische Verfassungsschutz erwähnte ihn, da er rechtsextremistisches Gedankengut verbreitete. Er war bis zu seinem Tod 2015 Mitgesellschafter der Jungen Freiheit Verlag GmbH.

Wer die „Junge Freiheit" im Dezember 2016 liest, stößt auf Schlagzeilen wie:

„Mutmaßlicher Vergewaltiger trotz Vorstrafe nicht abgeschoben."

„Aus Rücksicht auf Flüchtlinge – Chor verzichtet auf christliche Weihnachtslieder."

„China brüllt und Deutschland kuschelt."

„Grünen-Mitglieder in Pädophilen-Kreisen verstrickt."

„Dutzende Heiligenfiguren geschändet."

„Frauen-Gang verletzt Mann schwer."

Mit dem Aufstieg der AfD steigt auch die Auflage der „Jungen Freiheit". Besonders nach politischen Großereignissen schnellt die Kurve der Probe-Abos nach oben. Zum Beispiel im September 2015, als „Merkel die Grenzen öffnet". Nach der Silvesternacht in Köln. Nach den Attentaten in Nizza, Würzburg und Ansbach. Allein 2015 steigt die Auflage um fast 40 Prozent auf mittlerweile 28.000 Exemplare.

Eines der zentralen Themen der „Jungen Freiheit" ist der Kampf gegen das „Gender-Mainstreaming". Es gibt eine eigens erstellte Broschüre zum Thema, Untertitel: „Kinderseelen werden gebrochen – empörte Bürger wehren sich". Man sieht eine grüne Schultafel, auf der mit Kreide geschrieben steht: „Gender, Dildo, Lederpeitsche, Gruppensex". Vor der Tafel: ein etwa Dreijähriger mit gestreiftem Lätzchen, der sich die Augen zuhält.

Im Begleittext steht, dass „über die Lehrpläne bereits Grundschüler mit der Gender-Ideologie indoktriniert werden", dass schon „die Kleinsten ihr Geschlecht hinterfragen" und den „Umgang mit Sexspielzeug erlernen" sollen. Das stimmt so zwar nicht. Aber die „Junge Freiheit" behauptet dennoch: „So werden schwere Persönlichkeitsstörungen geradezu vorprogrammiert." Man kann das Pamphlet gratis bestellen, zu 25, 50 oder 100 Stück, und die Website vermeldet dazu in einem Banner: „Riesenerfolg! Bereits über 1,36 Mio. Broschüren verteilt." Ob die Zahl stimmt, lässt sich nicht überprüfen.

Auch Götz Kubitschek, einer der Vordenker der Neuen Rechten, hat seine Karriere bei der „Jungen Freiheit" begonnen. Mittlerweile haben sich Stein und Kubitschek zerstritten. Unter anderem wegen des Umgangs mit der NPD. Dieter Stein sagt, er sehe die Rechtsextremen als politischen Gegner. Kubitschek hingegen habe sich nicht konsequent gegenüber der NPD abgrenzen wollen; er „kokettiert mit faschistischen Ideen", sagt Stein.

Kubitschek kommentiert dies auf Anfrage lediglich mit der Bemerkung: „Wenn der Dieter das meint und wenn es ihm guttut, dies zu äußern: bitte, ich verstehe den Impuls."

Das Magazin „Compact"

Faktenbox: Compact

Gegründet	2010
Geschäftsführer	Kai Homilius
Chefredakteur	Jürgen Elsässer
Reichweite	laut eigenen Angaben 80.000, laut Recherchen der „Zeit" 40.000 verkaufte Exemplare pro Monat

„Mein Name ist Jürgen Elsässer. Ich bin Deutscher und ich werde nicht zulassen, dass dieses Land vor die Hunde geht." So stellt sich der Chefredakteur des „Compact"-Magazins Anfang 2016 bei einer Demonstration in Zwickau vor. Nicht zulassen wolle er, dass die deutsche Geschichte auf „zwölf dunkle Jahre reduziert" werde. Dass die „skrupellose amerikanische Kanzlerin alles in Schutt und Asche" lege. Dass „testosterongesteuerte Orientalen" ungehindert „grabbeln, grabschen, fummeln und vergewaltigen".

Jürgen Elsässer will für einen „ehrlichen Journalismus in Zeiten der Lüge" stehen. Seit langem hofft Elsässer auf einen Politikwechsel, auf ein Ende der „linksgrünen Meinungsdiktatur". Neuerdings verkörpert die AfD für ihn diese Hoffnung. So veröffentlicht „Compact" im März 2016 ein Porträt Frauke Petrys auf dem Titel. Darunter die Zeile: „Die bessere Kanzlerin".

Darüber, wie sich „Compact" finanziert, ist wenig bekannt. Auf seinem Blog schreibt Elsässer im November 2014: „COMPACT ist, im Unterschied zu Bild und Spiegel, ein unabhängiges Magazin ohne Hintermänner. Drei Privatpersonen, darunter ich, sind die Eigentümer der GmbH, mit unserem Privatkapital haben wir das Magazin aufgebaut, mittlerweile finanziert es sich dank stark steigender Verkaufs- und Aboauflage selbst."

Elsässer gibt an, „Compact" habe eine Auflage von 80.000 Exemplaren. Journalisten der „Zeit", die sich auf Insiderinformationen berufen, schreiben von 40.000 verkauften Heften pro Monat. Auf Facebook hat die „Compact"-Seite rund 91.000 Likes, bei Twitter rund 7.300 Follower.

Jürgen Elsässer, Jahrgang 1957, hat sich von einem strammen Kommunisten zu einem noch strammeren Deutschnationalen gewandelt. Von einem Freund Israels zu jemandem, der vor einer zionistisch-amerikanischen Verschwörung warnt.

In den 1980er Jahren schreibt er für das kommunistische Blatt „Arbeiterkampf" und für die vom deutschen Zentralrat der Juden herausgegebene „Jüdische Allgemeine". Spätere Stationen Elsässers sind linke Postillen wie „Junge Welt", „Jungle World" und „Konkret".

Nach 1989 zählt er zu den Mitgründern der „Antideutschen", einer Strömung innerhalb der deutschen Linksextremen, die Israel gegen die arabische Bedrohung verteidigen will. Elsässer behauptet, den Spruch „Nie wieder Deutschland" habe er entscheidend mitgeprägt. An Linken, die sich israelkritisch äußern, arbeitet sich Elsässer in diesen Jahren wiederholt ab, wie sich ein ehemaliger Weggefährte erinnert.

Eine entscheidende Station auf dem Weg von Links- nach Rechtsaußen ist der Konflikt zwischen den Serben und der NATO in den 1990er Jahren. Nur der serbische Nationalismus, so Elsässer damals, könne dem amerikanischen Imperialismus etwas entgegensetzen.

Anfang der Nuller Jahre beendet die „Jungle World" die Zusammenarbeit mit Elsässer. Unter anderem wegen Elsässers Berichterstattung zum Jugoslawien-Krieg, heißt es aus der „Jungle World"-Redaktion.

2010 gründet Elsässer schließlich „Compact", das „Magazin für Souveränität". Wiederkehrende Denkfigur: Es gibt gewaltige Mächte, die sich gegen Deutschland verschworen haben. Die USA und die Zionisten, die CIA und die Alt-68er. Sie wollen unser Land zerstören. Ihre Waffen: der Feminismus, der die traditionelle Familie zersetzt und Frauen in die Fabriken zwingt. Die „Klimalüge", mit der Energiekosten „auf den kleinen Mann" abgewälzt werden sollen. Und die „Masseneinwanderung", die „geplante Umvolkung", die „Islamisierung".

In einer „Compact"-Spezialausgabe zum Thema Asyl von Ende 2014 – lange vor der Flüchtlingskrise – wimmelt es von Katastrophen-Szenarien. Von einem „Ansturm der Scheinasylanten" ist die Rede, oder: „Die Lawine rollt". Warum so viele gerade in Deutschland Zuflucht suchen? Weil dieses Land ein „Flüchtlingsparadies" sei, in dem es „schnelles Geld aus deutschen Kassen" gibt.

Mitgegründet wird „Compact" von dem Juristen und Islamexperten Andreas „Abu Bakr" Rieger, der bis heute die „Islamische Zeitung", herausgibt. Im November 2014 verkauft Rieger entnervt seine Anteile am Compact-Verlag – weil Elsässer beginnt, den Islam zu verteufeln und sich auf die Seite der Anti-Islamisten rund um Pegida stellt.

In der ersten „Compact"-Ausgabe im Dezember 2010 schreibt Elsässer noch: Wer den Islam als unser Hauptproblem sehe, begibt sich auf eine „glitschige Rutschbahn". Islamkritiker verkennen, wer am gefährlichsten sei, nämlich „eliminatorische Zionisten und weltkriegsgeile Neokonservative."

Im Januar 2015 hingegen bildet „Compact" Angela Merkel auf dem Cover ab – mit Kopftuch. Und das Magazin warnt vor einem Islam, der Europa unterjochen will.

Quelle allen Übels, Urheber zahlloser Verschwörungen sind in den Augen von Elsässer und „Compact" die USA. Das kann absurde Züge annehmen, etwa wenn „Compact" gegen das „Globalisierungsfutter Pizza" wettert. „Wie kann eine derart armselige Speise eine solche Weltkarriere machen?", fragt einer der Artikel.

Deutlich positiver sehen Elsässer & Co. Russland. Als Putin Anfang 2014 auf der Krim einmarschiert und den Bürgerkrieg in der Ost-Ukraine vom Zaun bricht, stellt sich Elsässer auf die Seite Russlands, das sich wehren müsse gegen eine Front aus „Nazis plus Zionisten plus Islamisten".

2014 steigt die Jumbo-Dienstleistungs GmbH aus Hamburg als Gesellschafter bei „Compact" ein. Mittlerweile heißt die Firma Nordheide Kontor GmbH. Eigentümer ist Jörgen-Arne Fischer-van Diepenbrock.

Der zweite Mitgesellschafter von Elsässer heißt Kai Homilius. Der gründet 1994 einen nach ihm benannten Verlag, der „Compact"-DVDs und -Bücher vertreibt. Außerdem soll Homilius hinter der Facebook-Seite „Anonymous-Kollektiv" gesteckt haben, die gegen Flüchtlinge, Muslime und Politiker hetzt und im Mai 2016 von Facebook gelöscht wird.

Nach Angaben der „Süddeutschen Zeitung" zeigen Screenshots, dass aufder Facebook-Administratorenseite der Name Kai Homilius zu sehen ist. Genau wie der Name Mario Rönsch – der als Betreiber von „migrantenschreck.de" identifiziert wurde, einem Webshop, bei dem man in Deutschland verbotene Schreckschusswaffen aus Ungarn bestellen konnte. Waffen, mit denen man Menschen töten kann.

Das Magazin „Sezession"

Faktenbox: Sezession

Gegründet	2003
Herausgeber	Götz Kubitschek
Reichweite	laut eigenen Angaben 3.000 Abonnenten

In Schnellroda, das zu dem 459-Seelen-Dorf Albersroda gehört, auf dem plattesten sachsen-anhaltinischen Land, hat der Publizist Götz Kubitschek in einem ehemaligen Rittergut eine neurechte Denkfabrik gegründet: das IfS Institut für Staatspolitik, den Verlag Antaios und das Magazin „Sezession".

So entlegen das Institut, so weitreichend sein Einfluss. Zu den Sommer- und Winterakademien, zu Tagungen und Konferenzen kommen AfD-Abgeordnete und NPD-Funktionäre, neurechte Publizisten und Angehörige der Identitären Bewegung, italienische Neofaschisten und ungarische Radikale. Zweimal im Jahr gibt es Akademie-Tagungen. Sie heißen dann schlicht: „Islam", „Heimat", „Geschichtspolitik" oder „Widerstand".

Im Januar 2015 wollen Kubitschek und seine Frau in die AfD eintreten. Der Parteivorstand, damals noch unter Bernd Lucke, stellt sich quer und lehnt den Aufnahmeantrag ab. Ostdeutsche Funktionäre um Björn Höcke und André Poggenburg kritisieren die Entscheidung. Der Protest mündet in die „Erfurter Resolution", mit der Höcke, Gauland und Poggenburg den völkischen Flügel der AfD begründen.

Schnellroda inspiriere ihn, sagt Höcke – aus den Schriften des Instituts ziehe er „geistiges Manna". In Schnellroda hält er im

Dezember 2015 seine Rede über das „Reproduktionsverhalten der Afrikaner".

Im 21. Jahrhundert, so Höcke, treffe „der lebensbejahende afrikanische Ausbreitungstyp auf den selbstverneinenden europäischen Platzhaltertyp". Deswegen müsse sich Europa abschotten. Das nütze auch Afrika. Die Afrikaner bräuchten „die europäische Grenze, um zur einer ökologisch nachhaltigen Bevölkerungspolitik zu finden".

Die „Sezession" ist ein dünnes Magazin und erscheint alle zwei Monate. Die Zeitschrift ist nicht am Kiosk erhältlich, sondern wird direkt vom Verlag an die Leser versendet, laut eigenen Angaben hat man 3.000 Dauerabnehmer. Die Youtube-Präsenz „Kanal Schnellroda" hat rund 1.300 Abonnenten.

Wer 2016 die „Sezession" liest, stößt auf Überschriften wie:
„Deutschland im Weltbürgerkrieg der Ideologien."
„Zeit für pragmatische Reaktionäre."
„Der Mythos von Putins fünfter Kolonne."
„Trump: Alternative für Amerika?"
„Linke Netzwerke und die Syrien-Berichterstattung."

Es folgen dann lange, theorielastige Texte. Man zitiert Nietzsche oder Carl Schmitt und betont, mit Ernst-Jünger-hafter Entschiedenheit, standzuhalten gegen all jene, die die deutsche Nation abschaffen wollen.

Kubitschek stammt aus Oberschwaben und hat in Hannover Philosophie und Germanistik studiert. Er ist Oberleutnant der Reserve. 2001 wird er wegen rechtsradikaler Bestrebungen aus der Bundeswehr geworfen, legt dagegen aber Beschwerde ein und wird ein Jahr später wieder aufgenommen.

Verheiratet ist er mit der Publizistin Ellen Kositza. Die beiden, so ist in Medienberichten immer wieder zu lesen, siezen sich und haben ihren sieben Kindern germanische und mythologische Namen gegeben, etwa Brunhilde, Undine und Wieland.

Kubitschek ist Redner auf Pegida- und Legida-Demonstrationen und pflegt gute Beziehungen in viele Richtungen: zu „Compact"-Gründer Jürgen Elsässer, aber auch zu Akif Pirinçci, dessen zweites politisches Buch „Umvolkung" in seinem Verlag erscheint. Genau wie das Werk „Revolte gegen den großen Austausch" des Franzosen Renaud Camus, eine Art Bibel der Neuen Rechten. Die These darin: Die Europäer werden verdrängt, der Kontinent wird mit Muslimen bevölkert.

Diese These greift Kubitschek immer wieder auf. Auf der Pegida-Kundgebung am 3. Oktober 2016 stellt Kubitschek eine Frage, die er „existenziell" nennt: „Werden wir Deutschen in der nächsten, übernächsten und allen weiteren Generationen noch das entscheidende Staatsvolk in Deutschland sein oder nicht?" Das sei nicht sicher, so Kubitschek, denn deutsche Politiker würden gezielt die Identität des Volkes auslöschen. Mit „Gesellschaftsexperimenten" setzen sie „unser Land aufs Spiel".

2015 verfasst der Jurist Thor von Waldstein die Schrift „Zum politischen Widerstandsrecht der Deutschen"; die „Sezession" veröffentlicht sie. Um die Unterbringung „Illegaler" – damit meint er Asylbewerber – zu verhindern, könnten „Widerstandleistende" etwa Strom- und Heizungszufuhr und die Zufahrtsstraßen blockieren; Busse, die Flüchtlinge transportieren, könne man fahruntüchtig machen. Waldstein beruft sich auf den Widerstandsparagraphen des Grundgesetzes, wo es in Artikel 20 heißt: „Gegen jeden, der es unternimmt, diese (freiheitlich-demokratische) Ordnung zu beseitigen, haben alle Deutschen das Recht zum Widerstand, wenn andere Abhilfe nicht möglich ist." Götz Kubitschek sieht das ähnlich. Er unterstützt die Internetplattform einprozent.de, auf der Bürger ihre Widerstandsprojekte auf einer Deutschlandkarte eintragen sollen, um sich mit Gleichgesinnten zu vernetzen. Das Ziel: Eine Bürgerbewegung gegen die Asylpolitik zu schaffen. Dazu brauche es nicht mehr als ein Prozent der Bevölkerung. 800.000 Deutsche.

Das Institut für Staatspolitik gründet Kubitschek im Jahr 2000 zusammen mit dem rechtskonservativen Autor Karlheinz Weißmann. Beider Ziel: Rechte Denker zusammenbringen und deren Ansichten wissenschaftlich untermauern. Kubitschek und Weißmann schreiben zu dieser Zeit für die Wochenzeitung „Junge Freiheit"; später entfernen sich die beiden voneinander. Schließlich kommt es zum offenen Streit – untereinander und mit der „Jungen Freiheit".

Es geht unter anderem um das Lied „Nur der Freiheit gehört unser Leben", das im Gesangbuch eines neurechten Jugendverbandes auftaucht. Das Lied wurde ursprünglich für die Hitler-Jugend geschrieben. In der „Jungen Freiheit" schreibt ein Redakteur namens Roland Wehl: „Erwarten diejenigen, die das Lied heute singen, von denen, deren Vorfahren unter dem NS-Regime gequält und ermordet wurden, daß sie das Lied mitsingen?"

Daraufhin gibt es in Schnellroda kein Halten mehr: Eine absurde Suggestivfrage, durch die die „Kollektivschuld wieder ins Boot kommt", schreibt ein Autor. Götz Kubitschek beantwortet die Frage mit einer Gegenfrage: „Hat das je einer gefordert, dieses Mitsingen der Opfer?" Wehl bewertet die Antwort anschließend als „zynisch und anmaßend", Kubitschek leide an einem Mangel an Empathie.

Im selben Jahr verlässt Mitgründer Weißmann das IfS und beschuldigt Kubitschek später öffentlich, von der politischen Ordnung Deutschlands nicht allzu viel zu halten. In einem Interview mit der „Jungen Freiheit" sagt Weißmann: „Kubitschek hat einen solchen Dissens immer bestritten, aber auch süffisant angemerkt, daß ich nicht einmal hinter verschlossenen Türen die Verfassung in Frage stellte."

Dieser Eindruck bestätigt sich, wenn man Kubitscheks Reden bei Pegida-Veranstaltungen anhört: Die Ostdeutschen hätten verstanden, dass Deutschland beständiger sei als seine politische Ordnung, sagt er etwa anlässlich des zweiten Jahrestages der Pegida-Gründung im Oktober 2016. Mit anderen Worten: Das „Volk" stehe über dem Grundgesetz. Auch in der „Sezession" finden sich Texte, die die freiheitlich-demokratische Grundordnung in Frage stellen: Im August 2013 etwa wirbt der italienische Aktivist Adriano Scianca dafür, den Faschismus auf die heutige Zeit zu übertragen.

Das Portal KenFM

Faktenbox: KenFM

Gegründet	2012
Besitzer	Ken Jebsen
Verantwortlicher Redakteur	Ken Jebsen
Reichweite	163.000 Abonnenten auf YouTube

„Ich weis wer den holocaust als PR erfunden hat", schreibt Ken Jebsen (Rechtschreibfehler im Original) einem Hörer seiner Radiosendung im Jahr 2011 – und handelt sich damit eine Menge Ärger ein. Der Hörer leitet die E-Mail an den Autor Henryk M. Broder weiter, der sie auf seinem Blog veröffentlicht. Jebsens Sendung KenFM läuft damals auf Radio Fritz, einem Kanal des öffentlich-rechtlichen RBB. Seine Vorgesetzten stellen sich erst hinter Jebsen, kündigen ihm dann aber ein paar Wochen später mit der pauschalen Begründung, Jebsen habe sich wiederholt nicht an vertragliche Verpflichtungen gehalten.

Jebsen sieht sich in der Sache als Opfer. Er sei wohl „zu politisch" gewesen, sagt er damals. Die E-Mail habe er zwar geschrieben, es habe sich aber um ein Zitat gehandelt. Ein Antisemit oder gar Holocaust-Leugner sei er nicht.

Nach diesem Rauswurf häutet sich Jebsen: Bis dahin ist er als klamaukiger Radiomoderator bekannt, nun entpuppt er sich als politischer Überzeugungstäter und Verschwörungstheoretiker mit Mission. Sein Ziel: Die Bürger aufzuklären über die wahren Machenschaften der Eliten.

Mit Hilfe seiner Hörer und Unterstützer sammelt er Geld und finanziert so seine Internetseite KenFM. Heute bestücken 20 Autoren und Mitarbeiter die Seite mit Inhalten; besucht wird sie täglich von rund 100.000 Nutzern – häufiger als die Seite des Bundestages. Der dazu gehörige Youtube-Kanal hat über 160.000 Abonnenten und wurde bisher rund 40 Millionen Mal aufgerufen.

Es gibt mehrere Formate. Bei „KenFM im Gespräch" führt Jebsen bis zu dreistündige Video-Interviews mit Personen aus Wirtschaft und Politik. Mit Albrecht Müller etwa von den Nachdenkseiten, der ebenfalls anschreibt gegen die vermeintliche Gleichschaltung der deutschen Medien. Bei „KenFM am Telefon" diskutiert Jebsen mit Experten über aktuelle Ereignisse. Bei „NachdenKen" monologisiert er zu Themen seiner Wahl.

Die Website ist werbefrei. KenFM finanziert sich nach eigenen Angaben über Mitgliedsbeiträge und Spenden. Oft, so behauptet es Jebsen, überweisen ihm Unterstützer 17,50 Euro – entsprechend dem monatlichen Rundfunkbeitrag.

Bereits im August 2011, damals noch auf „Radio Fritz", monologisiert er in stakkatohaftem Highspeed über die „Terrorlüge 9/11": Tatsächlich steckten hinter dem Anschlag die Amerikaner selbst, mit dem Ziel, Akzeptanz für Kriege in der eigenen Bevölkerung zu schaffen und sich Öl-Ressourcen zu sichern.

Auch die Presse wird manipuliert, sagt Jebsen: „Massenmedien sind die Kontrollinstrumente der Eliten. Dort sprechen die Reichen zu uns, dem Volk". Nachdem Donald Trump die US-Wahl gewinnt, triumphiert er: „Regierungspresse, packt eure Koffer".

Die deutsche Politik sei nicht souverän, sondern werde aus Washington gesteuert. Über Angela Merkel sagt er: „Du bist ein Vasall" der USA, „du hast gar nichts zu sagen." In Washington müsse man nur schnipsen und schon wäre die Kanzlerin weg. Auch Putin sei ein Opfer der amerikanischen Geopolitik. Der wahre Grund der Hetze gegen Russland sei, dass Putin nicht die gesamten russischen Öl- und Gasquellen an die Amerikaner verkauft habe.

Jebsen sagt, er wolle seinen Zuhörern ein umfassendes Bild darüber vermitteln, „was da draußen wirklich passiert". Denn: Alles sei inszeniert, alles laufe auf den Dritten Weltkrieg hinaus.

Viele dieser Positionen überschneiden sich mit denen der AfD – wobei Jebsen immer wieder neurechte Positionen kritisiert. Vor allem deren Hetze gegen Muslime und Flüchtlinge. Von „Compact"-Gründer Jürgen Elsässer distanziert Jebsen sich, als dieser beginnt, in seinen Texten gegen Ausländer zu polemisieren.

Angela Merkel nennt er beharrlich „IM Erika", da er davon ausgeht, dass sie eine Stasi-Vergangenheit hat. In einer Sendung bezeichnet er ZDF-Nachrichtensprecher Claus Kleber als „die Maulhure des Jahres 2015" und zeigt ihm den Mittelfinger.

Er selbst reagiert empfindlich auf Beleidigungen. Als die Hiphop-Gruppe Antilopen Gang ihn in einem Song erwähnt, bemüht er Ende 2014 seine Anwälte. In dem Lied heißt es: „Sie können sagen was sie wollen, sie sind schlicht Antisemiten. All die Pseudo-Gesellschaftskritiker, die Elsässer, KenFM-Weltverbesserer. Nichts als Hetzer in deutscher Tradition. Die den Holocaust nicht leugnen, sie deuten ihn um."

Das möchte Jebsen nicht auf sich sitzen lassen und will den Song verbieten lassen. Er fühle sich verleumdet. Doch er verliert das Verfahren und muss auch die Anwaltskosten der Musiker tragen.

Die Antilopen Gang sagt damals: „Es belustigt uns, dass ausgerechnet der Typ, der ständig mit den abenteuerlichsten Anschuldigungen und wildesten Theorien gegen politische Gegner schießt, sofort schwerste rechtliche Geschütze auffährt und mit Strafandrohungen um sich wirft, wenn er sich mal selbst betroffen fühlt."

Jebsens Gesprächspartner: Verschwörungstheoretiker, neurechte Denker und all jene, die sich gegen den „Mainstream" stellen. Willy Wimmer beispielsweise, der 33 Jahre lang für die CDU im Bundestag saß und nun der Meinung ist, dass Politiker in Europa und in den USA an der Zerstörung der europäischen Völker arbeiten. Oder der inzwischen verstorbene Udo Ulfkotte, ehemals Redakteur der „Frankfurter Allgemeinen Zeitung", der Bücher über „Gekaufte Journalisten" und kriminelle Ausländer schrieb. Oder Gerhard Wisnewski, der unter anderem die These vertritt, dass es die RAF nie gegeben habe; Geheimdienste seien für die Morde der Linksterroristen verantwortlich.

Alles Autoren, die sich auch bei RT Deutsch, im „Compact"-Magazin und beim Kopp-Verlag die Klinke in die Hand geben.

Der Blog PI-News

Faktenbox: Politically incorrect

Gegründet	2004
Besitzer	unbekannt
Chefredakteur	unbekannt
Reichweite	400.000 Besucher pro Tag

„News gegen den Mainstream – proamerikanisch – proisraelisch – gegen die Islamisierung Europas – für Grundgesetz und Menschenrechte". Das ist das Selbstverständnis von PI-News, dem Blog Politically Incorrect.

Die anonymen Macher behaupten, dass heute Sprechverbote, Gutmenschentum und politische Korrektheit die traditionellen Medien prägen. Gegen diese angebliche Zensur wollen sie anschreiben. „Es scheint uns wichtiger als je zuvor, Tabuthemen aufzugreifen und Informationen zu vermitteln, die dem subtilen Diktat der politischen Korrektheit widersprechen." Mit diesem Programm ist PI-News erstaunlich erfolgreich und hat laut Online-Analysen bis zu 400.000 Besucher pro Tag.

Gegründet wird der Blog 2004 von dem Kölner Sportlehrer Stefan Herre. Offiziell zieht sich Herre im Jahr 2007 von PI-News zurück, weil er mehrfach bedroht worden sei. 2011 stellt sich jedoch heraus, dass er noch immer die Fäden in der Hand hält. Da werden Journalisten interne Dokumente zugespielt, E-Mails und Skype-Nachrichten, die zeigen, dass Herre auch zu diesem Zeitpunkt noch eine entscheidende Rolle bei dem Blog spielt.

Wer den Blog derzeit leitet, ist nicht bekannt. Es gibt kein Impressum, die meisten Autoren verwenden Synonyme. Der Server steht in den USA.

2007 übernimmt Christine Dietrich, eine Pfarrerin aus der Schweiz, die Leitung des Blogs, zieht sich aber noch im selben Jahr wegen des öffentlichen Drucks offiziell zurück. Tatsächlich, diesen Verdacht legt das spätere Leak nahe, schreibt sie regelmäßig weiter unter dem Pseudonym Thorin Eisenschild. Auch hat sie Zugriff auf den Server. Erst 2012 soll sie sich endgültig von PI-News verabschiedet haben.

Die internen Dokumente zeigten auch, dass die PI-News-Macher Kontakte zu rechtsextremen Politikern haben. Einmal plant Herre gemeinsam mit dem Gründer der rechten Partei Die Freiheit, René Stadtkewitz, einen Auftritt des niederländischen Rechtspopulisten Geert Wilders in Berlin. Auch mit schwedischen Rechtsextremen steht Herre zu dieser Zeit in Kontakt.

Vor allem geht es auf PI-News gegen Muslime und Flüchtlinge. Wobei die hier anders heißen: „Merkels Fiki-Fiki-Fachkräfte" zum Beispiel, „Invasoren" und „Rapefugees".

Im Dezember 2016 erhält die Bundeskanzlerin unter der Überschrift „Merkel #Advent #Bescherung" einen Adventskalender, der Tag für Tag vermeintliche Polizeimeldungen verlinkt. Für den 2. Dezember 2016 ergibt sich dann dieses Bild:
„04.25 Uhr – Freiburg: Ausländer belästigt 25-Jährige sexuell
11.00 Uhr – Calw: Asylbewerber belästigt und begrapscht 14-Jährige am Busbahnhof
13.00 Uhr – Bad Nenndorf: Asylbewerber geht mit Messer auf Unterkunftsmitarbeiter los

16.00 Uhr – Garmisch-Partenkirchen: Südländer onaniert im Warmwasserbecken
18.40 Uhr – Versmold: Osteuropäische Straßenräuber bedrohen 26-Jährigen mit Messer
19.50 Uhr – Karlsruhe: Dunkelhäutige Räuberbande schlägt 75-Jährigen am Glascontainer
20.10 Uhr – Hamburg: Südländischer Sextäter greift 47-jährige Spaziergängerin an (Phantombild!)
21.00 Uhr – Essen: Bewaffnete Araber schlagen auf Tankstellen-Angestellte ein
21.45 Uhr – Salzgitter: Aggressiver Marokkaner greift 10-jähriges Mädchen sexuell an
23.50 Uhr – Taunusstein / Polizeigroßeinsatz: Asylbewerber greift 15-Jährige mit Messer an und wird laufen gelassen"

Zu einem großen Teil besteht der Blog aus verlinkten Artikeln, die im Original auf anderen Websites erschienen sind. Regelmäßig verlinkt werden etwa Meldungen über Straftaten von Migranten, oft kopiert von den Internetseiten kleinerer Lokalzeitungen.

Auch von politischen Blogs kopieren die Verantwortlichen Texte, die ihrem Weltbild entsprechen. Etwa von Michael Klonovsky, dem publizistischen Berater von AfD-Chefin Frauke Petry. „Direkt gefragt worden bin ich nicht", sagt Klonovsky gegenüber CORRECTIV. Er habe aber nichts dagegen, dass PI-News seine Texte nutze. Auch Nadine Hoffmann, bis Oktober 2016 im AfD-Kreisvorstand Südthüringen, und Vera Lengsfeld, ehemalige CDU-Bundestagsabgeordnete, werden gern auf PI-News verlinkt.

Darüber, wie sich der Blog finanziert, ist wenig bekannt. Pfarrerin Dietrich hat gesagt, sie habe eine Zeit lang die Rechnungen für PI-News bezahlt. Auf der Seite ist außerdem ein Online-Shop verlinkt, über den man sich T-Shirts mit politischen Parolen bestellen kann, etwa: „Ich will die D-Mark wiederhaben", graumeliert, für 19,49 Euro. Außerdem zu beziehen über diverse Banner auf der Seite: Bücher des neurechten Verlags Antaios von Götz Kubitschek und Pfeffersprays, „stärkstes Produkt derzeit", beworben mit dem Spruch: „Besser als Armlänge".

Der Kopp-Verlag

Faktenbox: Kopp-verlag

Gegründet	1993
Besitzer	Jochen Kopp
Reichweite	unbekannt

Früher war Jochen Kopp Polizist, heute veröffentlicht er in seinem Verlag Werke, die sonst nur wenige verlegen würden. „Bücher, die ihnen die Augen öffnen", lautet der Slogan des Verlags, der einst durch UFO-Literatur bekannt wurde und heute zudem angebliche Enthüllungen über Geheimbünde („Die Gralsverschwörung"), Bücher zu alternativen Krebsbehandlungen („Krebs verstehen und natürlich heilen") und esoterische Ratgeber („Die magische Knochenbrühe") im Angebot hat.

So unterschiedlich die Bücher auch sind: Sie eint das Misstrauen gegen das Althergebrachte. Auch beim Kopp-Verlag suggeriert man, es gebe verborgene Mächte, die alles steuern. Man selbst gehöre zu den Wenigen, die das durchschauen. Und verlegt Bücher, die auf unterdrückte Informationen, Entdeckungen und

Vorgänge hinweisen. Dass es sich dabei häufig um nicht belegten, aber gut formulierten Schwachsinn handelt, erkennen wieder nur Außenstehende.

Politisch lässt sich der Verlag nicht zu hundert Prozent der Neuen Rechten zuordnen. Aber viele Denkmuster sind gleich. Auch in der Welt des Kopp-Verlags arbeiten die USA, die CIA, die US-Notenbank Fed und diverse Geheimbünde an der Zerstörung Europas. Ihre Waffen: Migration, Finanzkrise, Manipulation der öffentlichen Meinung. Deutsche Politiker, Unternehmen und Medien sind nur willenlose Handlanger. Opfer der aggressiven, amerikanischen Politik? Die einfachen, entmündigten Leute.

Viel ist über den medienscheuen Gründer nicht bekannt. Elf Jahre lang ist Jochen Kopp Polizist, dann scheidet er aus dem Staatsdienst aus und gründet 1993 in Rottenburg am Neckar seinen Verlag. Er wolle „unorthodoxen Forschern, Entdeckern und Erfindern" einen Platz bieten. Der „Spiegel" schreibt 2014, dass der Kopp-Verlag rund 60 Mitarbeiter habe, die bis zu 15.000 Bücher täglich verschicken. Dazu gehören eigene, aber auch viele Bücher von anderen Verlagen. Auf Anfragen von CORRECTIV reagiert Jochen Kopp nicht.

Alles, was außerhalb des angeblichen „Mainstreams" liegt, findet hier einen Platz. Sucht man auf der Kopp-Website nach „Chemtrails", also der Verschwörungstheorie, dass es sich bei den Kondensstreifen von Flugzeugen in Wirklichkeit um Giftschwaden handle, mit denen die Regierung die eigene Bevölkerung bekämpfe, erhält man 18 Treffer. Sie verweisen auf Werke wie „Chemtrails existieren DOCH!" (Teil 1 bis 3) oder „Die Beweise: Volksvergiftung durch Chemtrails".

Neben Büchern vertreibt der Kopp-Verlag auch DVDs, Hörbücher sowie ätherische Öle, Zuckerersatzstoffe, Outdoor- und Survivalprodukte.

2007 erweitert Kopp sein Angebot um den Blog Kopp-Online. Einmal wöchentlich gibt es eine Art Presseschau, in der „aktuelle Weltnachrichten" gesammelt werden. Unter der Rubrik „Bunte Vielfalt für die bunte Republik" finden sich Links, die auf Fehlverhalten oder Verbrechen von Migranten oder Linken hinweisen. Einige Links führen zu seriösen Nachrichtenseiten und Lokalzeitungen, andere zu obskuren Blogs oder zu „Compact". Wer genau mit „Redaktion" gemeint ist, wird auf der Seite nicht offenbart. Im Impressum steht Jochen Kopp.

Vor allem aber wettern auf der Seite Autoren des Kopp-Verlags gegen Flüchtlinge und Migranten, den Euro, den angeblich erfundenen Klimawandel, den Islam, Politiker und Medien. Udo Ulfkotte, ehemaliger „FAZ"-Redakteur, schreibt über Fälle von Sozialhilfebetrug von Muslimen: „Das sind keine Einzelfälle – es sind typische Fälle." Gerhard Wisnewski, Filmproduzent und Verschwörungstheoretiker, fragt sich, ob Michelle Obama eine Transe sei und eigentlich Michael hieße. Und in einem anderen Artikel behauptet Wisnewski: Barack Obamas Familie sei nur Tarnung. In Wahrheit sei er schwul.

Das Webportal RT Deutsch

Faktenbox: RT Deutsch

Gegründet	2014
Besitzer	Rossjia Sewodnja, russisches Unternehmen
Hauptmoderatorin	Jasmin Kosubek
Reichweite	knapp 80.000 Abonnenten bei Youtube

Mai 2016, der Sächsische Landtag in Dresden. Jasmin Kosubek interviewt in aller Ausführlichkeit Frauke Petry. Wobei es kein klassisches Interview ist, eher gibt Frau Kosubek der AfD-Chefin Stichworte. Etwa: „Sie wurden ausgeladen vom Katholikentag. Stört es Sie eigentlich, wenn Sie ja eigentlich die christlichen Werte verteidigen?"

Kosubek ist die bekannteste Moderatorin von RT Deutsch, ein Internetsender, auf Youtube und auf der eigene Website zu sehen. Man will eine „Gegenöffentlichkeit herstellen" und „Medienmanipulationen aufzeigen", so das Selbstverständnis. Auffällig ist dabei die Nähe zur AfD. Der Kreml sucht seit langem Kontakt zu rechten, anti-europäischen Parteien, von der ungarischen Jobbik-Partei über den französischen Front National bis zu den deutschen Rechtspopulisten um Frauke Petry.

RT Deutsch ist ein Ableger des russischen Auslandssenders RT, der bis 2009 Russia Today hieß. RT ist ein Nachrichtensender, der aus russischer Perspektive berichtet. Er sendet auf Englisch, Arabisch und Spanisch, Webportale gibt es auf Französisch und Russisch. 2016 hat der Kreml rund 270 Millionen Euro für den Sender ausgegeben. Nach eigenen Angaben erreicht RT 700 Millionen Menschen in über 100 Ländern. Wahrscheinlich beschreibt die Zahl die theoretische Reichweite. Die Zahl der Menschen, die den Sender tatsächlich einschalten, dürfte weit geringer sein.

Aushängeschild von RT Deutsch war lange „Der fehlende Part". Moderatorin Jasmin Kosubek wollte in der wöchentlichen Sendung zeigen, wie die westlichen Medien angeblich manipulieren, was sie verschweigen und auslassen. Ende Dezember 2016 kündigte RT Deutsch an, die Sendung einzustellen.

Nicht nur Petry, auch der zweite AfD-Vorsitzende Jörg Meuthen, Stellvertreterin Beatrix von Storch, Wiebke Muhsal vom Thüringischen AfD-Landesverband und Hugh Bronson vom Landesverband Berlin sind bei RT Deutsch aufgetreten. Auch Politiker der Linken, wie das Ehepaar Sarah Wagenknecht und Oskar Lafontaine, sind gern gesehene Gäste.

Politiker der anderen im Bundestag vertretenen Parteien kommen kaum vor. Es sei denn, sie kritisieren ihre Parteikollegen scharf. Wie Thomas Jahn, CSUler, Merkel-Gegner und Streiter gegen den Rundfunkbeitrag. Auch Globalisierungskritiker und Verschwörungstheoretiker kommen ausführlich zu Wort.

Auch der englischsprachige TV-Sender RT International bittet häufig Funktionäre von LINKE und AfD zum Interview. Der weithin unbekannte Berliner AfD-Abgeordnete Frank Hansel zum Beispiel ist bereits mindestens acht Mal bei RT International aufgetreten und hat sich zum Brexit, den Anschlägen in Würzburg und Ansbach oder neurechten Kundgebungen in Thüringen geäußert.

„Sie wollen jemanden, der die Lage in Deutschland zu den großen Themen wie Migration und Islam bewerten kann", sagt

Hansel auf Anfrage. Und das könne er gut. RT frage ihn regelmäßig per SMS oder WhatsApp für Interviews an. Das habe auch praktische Gründe, sagt Hansel. Das Abgeordnetenhaus von Berlin liege fußläufig zum Potsdamer Platz, dem Sitz von RT in Deutschland. Da sei er in wenigen Minuten in der Redaktion. Außerdem könne ihn die Redaktion direkt erreichen und müsste nicht erst umständlich über Sekretariate Termine vereinbaren. Es gehöre jedoch nicht zur Strategie der AfD, gezielt ihre Inhalte bei RT zu platzieren, sagt Hansel. Für ihn haben die Auftritte „eher Übungscharakter". Er könne dabei Medienerfahrung sammeln.

Neben der beschränkten Auswahl an Gästen unterlaufen RT auch häufig handwerkliche Fehler, teilweise werden schlicht Unwahrheiten verbreitet. In einem Bericht wird behauptet, im Januar 2016 seien 100.000 Menschen bei Pegida-Demonstrationen mitgelaufen. Gezeigt werden aber Bilder von 2015. Laut der Forschungsgruppe „durchgezählt" gab es in dem Monat drei Demos in Dresden, an denen jeweils rund 4000 Menschen teilnehmen; zu einer Kundgebung in Leipzig kommen rund 300 Teilnehmer.

In einem anderen Bericht wird ein scheinbar zufälliger Passant auf der Straße zur Flüchtlingskrise befragt. Er ist der Meinung, dass Flüchtlinge den Staat zu viel kosten und zudem ein Sicherheitsrisiko sind. Der Mann ist allerdings kein zufälliger Passant – sondern der Dortmunder Neonazi Michael Brück von der Partei „Die Rechte". Doch weder Name noch Parteizugehörigkeit werden erwähnt.

Im Januar 2016 sorgt der „Fall Lisa" in Berlin für Wirbel: Die 13-jährige Russlanddeutsche verschwindet am 11. Januar auf dem Schulweg. Als sie 30 Stunden später wieder auftaucht, berichtet sie ihren Eltern, sie sei von drei Männern mit „südländischem Aussehen" entführt und vergewaltigt worden. Daraus wird in den sozialen Netzwerken das Gerücht, Lisa sei von arabischen Flüchtlingen vergewaltigt worden.

Russische Medien greifen den Vorfall breit auf. In der Folge randalieren russische Männer in Berlin-Marzahn, es kommt zu Demonstrationen in Berlin und anderen Städten. Selbst der russische Außenminister Sergej Lawrow schaltet sich ein, spricht von „unserer Lisa" und wirft den deutschen Behörden Vertuschung aus „politischer Korrektheit" vor.

Am 29. Januar 2015 gibt die Berliner Staatsanwaltschaft bekannt, dass Lisa die Geschichte erfunden und das Mädchen die Nacht bei ihrem 19-jährigen Freund verbracht habe. Das habe die Auswertung ihrer Handydaten ergeben. Die Polizei wiederholte bereits zuvor stets, sie gehe nicht davon aus, dass Lisa entführt und vergewaltigt wurde.

Am 27. Januar spricht die RT-Moderatorin Maria Janssen mit dem Journalisten Ivan Blagoy, der die Geschichte als Erster für den russischen Sender Pervij Kanal aufgriff. Er behauptet, dass der Familie auf jeden Fall „ein Unglück geschehen sei", und sagt gleichzeitig, dass er seine Informationen von Verwandten und Nachbarn Lisas sowie aus sozialen Netzwerken habe. Janssen konfrontiert Blagoy in dem Interview nicht mit den Einschätzungen, die die Polizei bis dahin veröffentlicht hat. Das Gespräch dreht sich lediglich um die Frage, wie die deutschen Medien mit der Geschichte umgegangen seien und wie schmerzhaft das alles für die Familie sei.

10. Kapitel: Die Themen der AfD im Faktencheck[1]

Die AfD sagt, es sei fraglich, ob Menschen für den Klimawandel verantwortlich sind. Stimmt das?

Von Anastasiya Polubotko

> *„Wissenschaftliche Untersuchungen zur langfristigen Entwicklung des Klimas aufgrund menschlicher CO_2-Emissionen sind sehr unsicherheitsbehaftet."*
>
> **AfD-Homepage, Position zum Klimawandel und zur CO_2-Reduktion**

Immer wieder ist die AfD durch klimaskeptische Positionen aufgefallen. Sind wissenschaftliche Untersuchungen zum Klimawandel aufgrund menschlicher CO_2-Emissionen „sehr unsicherheitsbehaftet", wie es auf der Homepage der AfD heißt?

Nein. Das Gegenteil ist richtig. Wissenschaftler sind sich mit überwältigender Mehrheit einig: Der Klimawandel ist menschengemacht. Ein Team um den australischen Klimaforscher John Cook hat 4014 Studien untersucht, deren Autoren sich zum Klimawandel äußern. 97 Prozent bestätigen, dass die Menschheit für den Klimawandel verantwortlich ist.

Naomi Oreskes, Wissenschaftshistorikerin an der Uni Harvard, untersuchte 696 Studien, die in den angesehensten wissenschaftlichen Fachzeitschriften zum Thema Klimawandel erschienen. Sie fand darin keine „Unsicherheit". Die Studien waren sich zu

---

[1] Kapitel 10 – Faktencheck – ist eine Kooperation von CORRECTIV mit dem Institut für Journalistik der TU Dortmund. Die Autoren Björn Bernitt, Linda Fischer, Anastasiya Polubotko und Daniela Weber sind Studierende bei Professor Holger Wormer. Assistenz: Maximilian Doeckel

100 Prozent einig: Der Mensch ist für den Klimawandel verantwortlich.

Klimaskeptiker zitieren gern eine Schrift des niederländischen Volkswirtes Richard Tol aus dem Jahr 2016, der darin auf Studien eingeht, die geringere Übereinstimmungswerte haben. Cook und Oreskes, die beiden bereits erwähnten Autoren, untersuchten zusammen mit Kollegen auch diese Studie. Und kamen zu dem Schluss: Je besser sich die Forscher mit Klimavorgängen auskennen, desto weniger zweifeln sie am menschlichen Einfluss auf das Klima. Solche Zweifel kommen in aller Regel von Laien oder fachfremden Wissenschaftlern. Von Volkswirten zum Beispiel.

Das bestätigt eine andere Studie: 2009 veröffentlichten Wissenschaftler der University of Illinois eine Umfrage unter 3146 Meteorologen, Klimatologen und Wirtschaftsgeologen. 75 von 77 Klimatologen stimmten der Aussage zu, dass menschliches Handeln der Hauptauslöser für globale Temperaturveränderungen ist. Von knapp 100 befragten Wirtschaftswissenschaftlern hingegen stimmte nur die Hälfte zu.

Die Autoren schlussfolgern: Unter Experten, die die wissenschaftlichen Grundlagen verstehen, gibt es keine kontroversen Debatten über den menschlichen Einfluss auf den Klimawandel. „Die Herausforderung scheint eher zu sein, wie dieser Fakt an die Politik und Allgemeinheit überbracht werden kann, die weiterhin fälschlicherweise von einer Debatte unter Wissenschaftlern ausgehen", schreiben Peter T. Doran und Maggie Kendall Zimmerman, die Verfasser der Studie.

Auch unter auf dem Gebiet führenden wissenschaftlichen Institutionen in Deutschland findet man keine Aussagen, die auf ein „sehr unsicherheitsbehaftetes" Feld schließen lassen. Das Institute for Advanced Sustainability Studies in Potsdam schreibt: „Vor allem der Ausstoß von Kohlendioxid in die Atmosphäre (…) gilt als Hauptursache für den globalen Temperaturanstieg." Das Potsdam-Institut für Klimafolgenforschung ist ebenso klar: „Es gibt in der Wissenschaft absolut keinen Zweifel, dass CO_2 als Treibhausgas die Erwärmung maßgeblich verursacht. Da gibt es hier im Haus keine Debatte, in der Wissenschaft auch nicht", sagt Georg Feulner, Wissenschaftler am PIK.

Fazit

Mehrere Tausend internationale Studien, die zu einem übereinstimmenden Ergebnis kommen – mehr Sicherheit in der Wissenschaft kann es kaum geben. Wenn nun die AfD sagt: „Wissenschaftliche Untersuchungen zur langfristigen Entwicklung des Klimas aufgrund menschlicher CO_2-Emissionen sind sehr unsicherheitsbehaftet" – dann ist das komplett falsch.

Die AfD sagt, dass Afrikaner ein spezielles Vermehrungsverhalten haben, das sich von Europäern unterscheidet. Stimmt das?

Von Björn Bernitt

> *„Die Evolution hat Afrika und Europa – vereinfacht gesagt – zwei unterschiedliche Reproduktionsstrategien beschert. Sehr gut nachvollziehbar für jeden Biologen."*
>
> **Björn Höcke, AfD-Chef in Thüringen, bei einem Vortrag im Dezember 2015 in Schnellroda**

Die Theorie, auf die sich Björn Höcke in seinem Vortrag bezieht, stammt aus der Mitte des 20. Jahrhunderts. Damals formulierten Edward Wilson und Robert MacArthur ein Modell, mit dem sie die Fortpflanzungsstrategien von Tieren und Pflanzen beschreiben. Demnach lassen sich alle Spezies in sogenannte r- und K-Strategen unterteilen.

Biologen sprechen von r-Strategen, wenn eine Art hunderte Nachkommen produziert, dann aber nur wenig in die Brutpflege investiert. Typisches Beispiel für eine solche r-Strategie ist die Eiablage von Fröschen: Die Eltern überlassen ihren Nachwuchs sich selbst und kalkulieren ein, dass ein Großteil vorzeitig stirbt. Im Unterschied dazu kümmern sich K-Strategen lange um ihren – zahlenmäßig geringen – Nachwuchs. Da im Erbgut des Menschen festgeschrieben ist, dass er vergleichsweise wenige Kinder bekommt, dann aber viel Energie in das Großziehen steckt, ist er dem Modell nach ein typischer K-Stratege. Die meisten Säugetiere verfolgen die K-Strategie. Nur Kleinsäugetiere, wie beispielsweise Mäuse, kommen der r-Strategie näher. Denn es gibt nicht einen Topf mit r- und einen weiteren mit K-Strategen. Zwischen beiden Enden gibt es viele Varianten.

Alle Menschen sind sich genetisch sehr ähnlich. Sie gehören derselben Art an. Die genetischen Unterschiede zwischen Afrikanern und Europäern sind vernachlässigbar und betragen höchstens 0,1 Prozent.

Die unterschiedlichen Geburtenraten in Afrika und Europa haben keine biologischen, sondern gesellschaftliche Gründe. Die Geburtenrate hängt davon ab, wie arm oder reich Menschen sind, ob sie mehrheitlich auf dem Land leben und Ackerbau betreiben, ob sie in Groß- oder Kleinfamilien leben, ob Mädchen zur Schule gehen dürfen und wie stark Traditionen und religiöse Wertvorstellungen die Menschen prägen.

Auch die Mitteleuropäer bekamen vor der industriellen Revolution deutlich mehr Kinder, deren Sterberate um ein Vielfaches höher war. Ohne ein staatlich gelenktes Sozialsystem versprachen sich die Eltern von der Arbeitskraft ihrer Kinder eine gesicherte Altersvorsorge. Auch die verbesserte medizinische Versorgung und neu entwickelte Medikamente, wie beispielsweise die Pille, hatten starken Einfluss auf die Bevölkerungsentwicklung in den Industrienationen.

Fazit

Gymnasiallehrer Höcke bekommt ein „ungenügend": Entweder hat er die r/K-Theorie nicht verstanden. Oder er hat sie bewusst verdreht. Tatsächlich sind sich Afrikaner und Europäer genetisch derart ähnlich, dass sie eine identische Fortpflanzungsstrategie verfolgen. Wobei man fragen muss: Welchen Sinn macht es überhaupt, derart simple Modelle aus der Biologie auf komplexe Gesellschaftssysteme anzuwenden?

Die AfD sagt, dass wegen der Flüchtlinge die Sozialabgaben über 40 Prozent steigen. Stimmt das?

Von Linda Fischer

> *„Die überbordenden Flüchtlingskosten sind einer der Hauptgründe, weshalb die Sozialabgaben 2017 über 40 Prozent steigen werden."*
> **AfD-Vorstandsmitglied Georg Pazderski am 28. Juni 2016 in einer Pressemitteilung**

Zunächst klingt das plausibel: Wenn hunderttausende Flüchtlinge ins Land kommen, haben auch die Krankenkassen höhere Ausgaben und mittelbar steigen die Ausgaben der Renten- und Arbeitslosenversicherung. Deshalb könnten die Sozialabgaben steigen.

Die „Sozialabgaben", darunter versteht man die addierten Beiträge für Renten-, Kranken-, Arbeitslosen-, Unfall- und Pflegeversicherung. Sie variieren geringfügig von Jahr zu Jahr. 2016 lagen sie einschließlich der Arbeitgeberanteile bei 39,8 Prozent, also knapp unter der von Pazderski angesprochenen Marke. 2017 werden sie wahrscheinlich um 0,2 Prozent-Punkte steigen und die 40 Prozent-Marke erreichen.

Die Ursache: Der Bundestag hat am 13. September 2015 beschlossen, das Sozialpflegegesetz zu ändern. Diese Änderung sieht vor, dass es nicht mehr nur drei Pflegestufen gibt, sondern seit dem 1. Januar 2017 insgesamt fünf Pflegestufen. Das soll helfen, individueller auf die Bedürfnisse pflegebedürftiger Menschen einzugehen. Um diese Reform zu finanzieren, wird der Beitragssatz zur Pflegeversicherung 2017 um 0,2 Prozentpunkte angehoben. Dass sich die Flüchtlingskosten in den Sozialabgaben bemerkbar machen, ist unrealistisch. Die meisten Flüchtlinge sind zu jung, um die gesetzliche Pflege- oder Rentenversicherung zu belasten. Bei der gesetzlichen Krankenversicherung wäre das zumindest denkbar. Denn Flüchtlinge, die sich länger als 15 Monate in Deutschland aufhalten, werden von der gesetzlichen Krankenversicherung abgesichert.

Bisher ist hier aber kein Anstieg zu verzeichnen, zumal es sich bei den Flüchtlingen überwiegend um jüngere Männer handelt, die traditionell die geringsten Krankenkassenkosten verursachen. Wie viel deren Absicherung kosten wird, ist schwer einzuschätzen. Die Bundesregierung hat für das Jahr 2017 einen Zuschuss von rund einer Milliarde Euro an die gesetzlichen Krankenversicherungen gewährt, um die Kosten durch die Flüchtlinge zu decken. Die Gesamtausgaben der gesetzlichen Krankenkassen werden für das Jahr 2017 auf rund 230 Milliarden Euro prognostiziert.

Die Versorgung der Flüchtlinge kostet derzeit pro Jahr insgesamt rund 20 Milliarden Euro. Die Ausgaben werden überwiegend aus Steuermitteln finanziert und von Bund und Ländern gemeinsam geschultert. Wie sich die Aufnahme der Flüchtlinge auf lange Sicht auf den Staatshaushalt und die Sozialausgaben auswirkt, ist kaum einzuschätzen. Untersuchungen zeigen, dass Flüchtlinge im Durchschnitt geringer qualifiziert sind als Arbeitsmigranten und länger brauchen, um sich in den Arbeitsmarkt integrieren. Finden sie einen Job, tragen sie zum Brutto-inlandsprodukt bei – und tragen so die Kosten ihrer Unterbringung wieder ab.

Fazit

Die Aussage von Georg Pazderski ist eine Nebelkerze. Der geringfügige Anstieg der Sozialabgaben um 0,2 Prozentpunkte hat kaum etwas zu tun mit den Kosten für Flüchtlinge. Verantwortlich für den Anstieg ist die Erhöhung des Beitragssatzes zur Pflegeversicherung um 0,2 Prozent.

Die AfD sagt, dass Gender Mainstreaming den Unterschied zwischen Mann und Frau auflösen will. Stimmt das?

Von Linda Fischer

> *„Gender-Mainstreaming zielt nicht auf die Gleichberechtigung von Mann und Frau. Es ist die Lehre davon, dass es Mann und Frau quasi gar nicht gibt."*
> **AfD-Vize Beatrix von Storch in einem Wahlkampfvideo**

1995 findet in Peking die 4. Weltfrauenkonferenz der UNO statt. Die Delegierten empfehlen, dass von nun an weltweit das Gender-Mainstreaming angewendet werden soll – um die Gleichstellung von Mann und Frau weiter voran zu treiben. Der Begriff ist sperrig. Übersetzen könnte man ihn mit den nicht weniger sperrigen Begriffen „gleichstellungsorientierte Politik" oder „geschlechtersensible Folgenabschätzung".

Gemeint ist: Frauen und Männer sollen gerade nicht über einen Kamm geschoren werden. Man erkennt ihre Verschiedenheit an – und versucht das bei politischen Entscheidungen zu berücksichtigen. Seit 1999 ist Gender-Mainstreaming offizielles Ziel der EU-Politik, seit 2000 auch in Deutschland.

Zwei Beispiele:
Vor der Umgestaltung des Bahnhofsplatzes befragt Wiesbaden Ende 2002 die Bürger der Stadt nach ihren Wünschen. Frauen nennen dabei eine Unterführung als besonders unsicher und unangenehm. Die Ergebnisse werden in die Bauplanung einbezogen: In der Fertigstellung wird die neue Unterführung mit einer Glas-Licht-Wand ausgestattet, die den Tunnel stets hell ausleuchtet und für eine angenehmere Atmosphäre sorgen soll.
In Ulm wollen Planer 2001 die Wünsche der Kinder bei der Umgestaltung von Spielplätzen berücksichtigen. Sie fragen Jungen und Mädchen, wo sie am liebsten spielen und beobachten sie an verschiedenen Spielgeräten. Am Ende werden, auf Wunsch vieler Mädchen, auch kleine Häuschen oder Nischen eingeplant.
Mit anderen Worten: Gender-Mainstreaming ist eine Handlungsempfehlung der Vereinten Nationen, die davon ausgeht, dass es keine geschlechtsneutrale Wirklichkeit gibt. Dass man die unterschiedlichen Interessen und Lebenssituationen von Frauen und Männern vorab berücksichtigen muss, wenn man Gleichberechtigung herstellen will. Davon, „dass es Mann und Frau quasi gar nicht gibt", kann nicht die Rede sein.

Verwechselt Beatrix von Storch „Gender-Mainstreaming" mit „Gender Studies" – zu Deutsch Geschlechterforschung? Das ist ein recht junger Wissenschaftszweig, in dem untersucht wird, wie Geschlecht menschliche Gemeinschaften prägt und von ihnen geformt wird. Die Forscherinnen und Forscher unterscheiden zwischen dem biologischen Geschlecht (sex) und dem sozialen Geschlecht (gender). Die Gender Studies gehen davon aus, dass Unterschiede zwischen Mann und Frau, denen wir in im Alltag begegnen, größtenteils gesellschaftlich geformt sind. Manche Aktivisten fordern, Geschlechter-Stereotypen und Rollenklischees aufzulösen.

Das von Storch erwähnte Gender-Mainstreaming hat genau das aber nicht zum Ziel. Hier wird ja deutlich zwischen den Bedürfnissen von Mann und Frau unterschieden. So deutlich, „dass die Stereotypen möglicherweise noch verstärkt werden", sagt Katja Sabisch, Professorin für Gender Studies an der Universität Bochum.

Fazit

Beatrix von Storchs Behauptung ist nicht nachvollziehbar. Sie hat den Begriff Gender-Mainstreaming offenbar nicht verstanden und meint damit allenfalls manche Zuspitzungen bei den „Gender Studies".

Die AfD sagt, dass der öffentlich-rechtliche Rundfunk die Meinungsfreiheit bedrohe. Stimmt das?

Von Anastasiya Polubotko

„Neben 22 TV- und 67 Hörfunksendern, die sich inhaltlich meistens nur marginal von privaten Angeboten unterscheiden, breiten sich ARD, ZDF und Deutschlandradio auch im Internet

zunehmend aus – zu Lasten privatwirtschaftlicher Anbieter und damit der Meinungsfreiheit."

Pressemitteilung der AfD-Nordrhein-Westfalen

Die Debatte ist so alt wie das Privatfernsehen: Die privaten Sender beklagen eine Wettbewerbsverzerrung, die öffentlich-rechtlichen Kanäle berufen sich auf ihren Bildungsauftrag. Der VPRT, der Lobbyverband der Privatsender, fordert, dass ARD und ZDF ihre Werbezeiten reduzieren, weniger Geld für ihre Online-Angebote ausgeben, ihre digitalen Spartenkanäle einstellen. Neu ist, dass jemand durch den öffentlich-rechtlichen Rundfunk die „Meinungsfreiheit" bedroht sieht.

Was sind die Fakten?
Jedes Jahr analysiert das Institut für empirische Medienforschung in Köln das Angebot der fünf großen TV-Sender (ARD, ZDF, RTL, Sat1 und Pro7). Das Ergebnis: In der Kategorie „Information" führt das ZDF mit einem Programmanteil von 44 Prozent, die ARD liegt mit 39 Prozent knapp dahinter. Das ZDF sendet so viel Informationsprogramme wie die privaten Anbieter zusammen. Bei RTL sind es 23 Prozent, bei Sat.1 14 Prozent, bei ProSieben 8 Prozent. In anderen Studien finden sich ähnliche Ergebnisse. Der Informationsanteil bei kleineren privaten Sendern wie VOX, RTLII und Kabel eins liegt noch unter dem von ProSieben.

Wo die AfD also einen „nur marginalen" Unterschied sieht, spricht der Programmbericht 2015 der Landesmedienanstalten von einem „stark von den privaten Konkurrenten abweichenden Programmprofil".

Während ARD und ZDF viele journalistische Formate wie Reportagen, Dokumentationen und Talkshows mit einem Schwerpunkt auf Politik ausstrahlen, spezialisieren sich private Sender eher auf Alltagsthemen. Im Radio setzen sich die Unterschiede fort: Der Wortanteil öffentlich-rechtlicher Programme ist im Durchschnitt fast drei Mal so hoch wie der von privaten Stationen. Besonders das Deutschlandradio sticht heraus, mit rund 70 Prozent Wortanteil und einer Ausrichtung auf Politik, Wissen und Kultur. So etwas ist bei privaten Anbietern nicht zu finden. Weil sich die öffentlich-rechtlichen Sender so stark von den privaten unterscheiden, haben sie auch eigene Online-Profile und -Nutzer.

Es ist somit unwahrscheinlich, dass sie die Entwicklung privater Medien gefährden. Das zeigt auch ein Blick auf die Radiosender in Deutschland. Im Jahr 2016 gab es 64 öffentlich-rechtliche Radiosender, deren Zahl stabil blieb, und 238 private Stationen, sieben mehr als im Vorjahr. Im Fernsehen stehen aktuell 213 privaten Sendern 21 öffentlich-rechtliche gegenüber (die zitierten AfD-Zahlen sind nicht korrekt, dort ist die Rede von 67 Radio- und 22 TV-Stationen).

Private Anbieter befürchten: Würden im Internet beispielsweise alle Kochsendungen der ARD bereits sortiert und immer abrufbar angeboten, entstünde quasi ein eigener Kochkanal. Private Kochsendungen stünden dann in größerer Konkurrenz; sie könnten sich auch den „Luxus" nicht leisten, ihre Sendungen werbefrei online zu stellen. Aber: Was wie lange in den Mediatheken von ARD und ZDF verbleiben kann, ist streng geregelt und im Vorhinein festgehalten.

Die Online-Konzepte der öffentlich-rechtlichen Sender werden in mehreren Stufen geprüft, zum Beispiel durch externe Marktgutachter. Es gebe in Deutschland Prüfungen von „beispiellosem Umfang", sagen Medienwissenschaftler. Die Finanzierungsprobleme einiger privater Sender seien nicht dem öffentlich-rechtlichen Angebot geschuldet, sondern den „vorherrschenden Trends und übergeordneten Charakteristika des Onlineangebots und der Onlinenutzung", schreibt Medienforscher Runar Woldt, der 41 externe Gutachten untersucht hat.

Fazit

Wissenschaftliche Erhebungen zeigen deutliche Unterschiede zwischen privaten und öffentlich-rechtlichen Sendern. Das Online-Angebot der Öffentlich-Rechtlichen wird zudem streng kontrolliert – und korrigiert, sollte dadurch der Wettbewerb gefährdet werden. Auch für die Behauptung, dass das vielfältige Medienangebot in Deutschland „zu Lasten der Meinungsfreiheit" geht, gibt es keinen Beleg.

Die AfD sagt, Inklusion schadet den Kindern. Stimmt das?

Von Anastasiya Polubotko

> „Inklusion schadet Kindern sowohl mit als auch ohne besonderem Förderbedarf."
> **AfD-Wahlprogramm für Nordrhein-Westfalen,**
> **Grammatikfehler im Original**

Kinder mit und ohne Förderbedarf lernen gemeinsam – mit angepassten Methoden: „Inklusion" heißt der Fachbegriff dafür. Zu den Methoden gehören zum Beispiel Freiarbeitsstunden, in denen lernschwache Kinder Unterrichtsstoff nachholen können, während leistungsstarke Schüler weiterführende Aufgaben bearbeiten.

Wenn man es richtig macht und genug Personal zur Verfügung steht, ist das für beide Gruppen keineswegs schädlich, da sind sich viele Wissenschaftler sicher. Im Gegenteil: „Die Forschungslage nach fast 40 Jahren praktischer Erfahrungen ist eindeutig: Der gemeinsame Unterricht behinderter und nicht behinderter Kinder ist nicht nur machbar, sondern er ist der für alle Beteiligten bessere Weg", lautet das Fazit von Dieter Katzenbach, Professor für Sonderpädagogik an der Uni Frankfurt.

Gesunde Kinder in inklusiven Klassen und gesunde Kinder in „normalen" Klassen – zwischen ihnen gibt es kaum messbare Unterschiede, schreibt Katzenbach, der zig nationale und internationale Studien ausgewertet hat. Eine dieser Studien wurde geleitet von Hans Wocken. Im „Hamburger Schulversuch" untersuchte er 22 Integrationsklassen. Die gesunden Kinder darin waren genauso leistungsfähig wie jene, die auf herkömmliche Grundschulen gehen.

Ewald Feyerer, Professor in Linz, hat mehrere Grundlagenwerke zur Inklusion geschrieben. Er geht sogar noch weiter: Gesunde Kinder würden sich in inklusiven Klassen „stärker wohlfühlen, mit mehr Freude in die Schule gehen und ein höheres Selbstwertkonzept entwickeln als die ParallelklassenschülerInnen." Für die guten Schüler ergäben sich keine Nachteile, und benachteiligte Kinder profitierten vom gemeinsamen Unterricht. Eine

Reihe von Studien kommt zu dem Ergebnis, dass selbst Kinder mit einer ausgeprägten Lernschwäche mitgezogen werden – und sich besser entwickeln als ihre Mitschüler, die in speziellen Förder- und Sonderschulen betreut werden. Sie können besser lesen, zuhören und rechnen und erreichen tendenziell höhere Schulabschlüsse.

Hans Wocken konnte in seiner Studie Lern- und Entwicklungsfortschritte bei behinderten Kindern mit verschiedenen Förderschwerpunkten beobachten, „die niemand erwarten konnte". Sie schafften das, indem sie das „Vorbild der Nichtbehinderten" nachahmten.

Wenn Inklusion, wie die AfD das behauptet, Schülern schadet, würde eine höhere Inklusionsquote womöglich zu schlechteren Schulleistungen führen. Ein Blick auf Europa liefert dafür keine Anhaltspunkte: Deutschland erreicht bei der Inklusionsquote den vorletzten Platz, vor Belgien. In der PISA-Studie von 2015 liegen aber zum Beispiel Finnland, Estland und die Länder des Vereinigten Königreichs vorn. Länder, die eine deutlich höhere Inklusionsquote haben als Deutschland.
Aber: Was in der Theorie oder Modellversuchen funktioniert, kann trotzdem an ungünstigen Rahmenbedingungen scheitern. In NRW klagten kürzlich 52 Kommunen gegen Inklusion in der derzeitigen Form – und scheiterten wegen eines Formfehlers. Und es gibt die „Mülheimer Erklärung", ein gemeinsames Schreiben mehrerer pädagogischer Gewerkschaften und Verbände aus NRW.

Die Kritik: Es fehlt Geld, um „qualitativ gutes gemeinsames Lernen auch weiterhin zu ermöglichen". Inklusion sei politisch gewollt, aber dann bewilligten Politiker den Schulen nicht mehr

Geld für zusätzliche Lehrer und kleinere Klassen. Eine Forderung, die es nicht erst seit der Debatte um Inklusion gibt.

Fazit

Es gibt keinen Beleg, dass Inklusion Schülern schadet. Im Gegenteil: Stehen ausreichend Mittel bereit, nützt Inklusion den lernschwachen Kindern sehr und den lernstarken Kindern erwächst kein Nachteil. Sie kann den lernstarken Schülern sogar nützen: Denn inklusiv beschulte Kinder haben ein deutlich ausgeprägteres Sozialverhalten als jene, die nur auf Leistung getrimmt werden. Gleichwohl findet Inklusion heute häufig an Schulen statt, die dafür nicht genügend Personal haben.

Die AfD sagt, Flüchtlinge seien in der Mehrzahl Analphabeten. Stimmt das?

Von Daniela Weber

„Ich habe zwei Jahre in Kanada und fünf Jahre in den USA gelebt. Das sind Einwanderungsländer, diese Staaten suchen sich ihre Einwanderer aus. Zu uns kamen zuletzt aber 65 Prozent Analphabeten."
Georg Pazderski, AfD-Vorstandsmitglied, in einem Streitgespräch

Eine Kurzstudie des arbeitgebernahen Instituts der deutschen Wirtschaft ergab, dass die Analphabetenrate in Syrien vor dem Bürgerkrieg mit rund 15 Prozent international in einem durchschnittlichen Rahmen lag. 2011 betrug die Einschulungsquote dort rund 97 Prozent, auch Fremdsprachen wie Englisch und

Französisch fanden sich im Lehrplan. Damit stand Syrien im internationalen Vergleich nicht schlecht da. Wobei der Bürgerkrieg sicher dazu führte, dass viele Kinder nicht weiter zur Schule gehen konnten.

Repräsentative Daten über das Bildungsniveau der ankommenden Flüchtlinge liegen dem Institut nicht vor. „Ob die besonders gut Gebildeten oder die schlecht Gebildeten zu uns gekommen sind, wurde lange diskutiert. Tendenziell sind Flüchtlinge aber eher gut gebildet, da sie mehr Geld haben, um sich eine Flucht leisten zu können", erläutert Kristina Stoewe, eine der Autorinnen der Studie.

Das Institut für Arbeitsmarkt- und Berufsforschung, der wissenschaftliche Arm der Bundesagentur für Arbeit, hat eine Umfrage unter Asylbewerbern gemacht, an der rund die Hälfte der 2015 in Deutschland registrierten Flüchtlinge teilnahm. Von den über 18-Jährigen mit Bleibeperspektive haben demnach 48 Prozent eine Universität, Fachhochschule oder ein Gymnasium besucht, zum Teil jedoch kriegsbedingt ohne Abschluss. 31 Prozent der über 18-Jährigen gaben an, nur eine Grundschule (23 Prozent) oder überhaupt keine Schule (8 Prozent) besucht zu haben. Auch diese Zahlen lassen nicht den Schluss zu, dass die meisten Flüchtlinge Analphabeten sind.

Fazit

Georg Pazderski macht die Flüchtlinge dümmer, als sie sind. Tatsächlich gibt es unter den Asylsuchenden große Bildungsunterschiede. Doch die genannte Zahl von Analphabeten ist nicht belegbar.

Die AfD sagt, Deutschland sei durch die Flüchtlinge unsicherer geworden. Stimmt das?

Von Daniela Weber

> *„Deutschland ist durch die Flüchtlinge unsicherer geworden.*
> *Das sieht man nicht erst seit Köln.*
> *Die Zahl der Übergriffe wird weiter zunehmen."*
> **AfD-Vorstandsmitglied Alice Weidel in der Talk-Sendung**
> **„Maischberger" im Dezember 2016**

Tatsächlich zeigt die Kriminalstatistik, dass die polizeilich registrierten Straftaten zwischen 2014 und 2015 um 4,1 Prozent zugenommen haben. Zeitlich fällt das zusammen mit der Flüchtlingskrise. Aber: Die größte Zunahme an Straftaten gab es im Ausländerrecht. Dagegen verstößt etwa, wer illegal nach Deutschland einreist. Rechnet man die Verstöße gegen das Ausländerrecht aus der Statistik heraus, ist der Anstieg plötzlich verschwunden und die Kriminalität lag auf dem Niveau von 2014 – trotz der Hunderttausenden Neuankömmlinge.

Eine Studie des BKA über das „Bundeslagebild Kriminalität im Kontext von Zuwanderung 2015" liefert weitere Daten. Die Zahl der Flüchtlinge schnellte demnach 2015 um 440 Prozent nach oben, die Zahl der Straftaten unter Flüchtlingen stieg um 79 Prozent. Die Neuankömmlinge im Krisenjahr verhielten sich also, relativ gesehen, gesetzestreuer als in den Jahren zuvor.

Auch für das Folgejahr 2016 zeichnet sich kein Anstieg der Flüchtlingskriminalität ab – im Gegenteil. Die Zahlen des BKA sind hier noch nicht abschließend, doch der Trend zeigt: „Die quartalsweise Entwicklung der Fallzahlen von Straftaten begangen durch Zuwanderer war in fast allen Deliktsbereichen tendenziell rückläufig."

Allerdings gibt es Unterschiede zwischen den einzelnen Nationalitäten. Das BKA hält in einem Bericht fest: Von den seit Januar 2015 erfassten Zuwanderern sind Marokkaner, Algerier und Tunesier, genau wie Georgier und Serben besonders häufig unter den Tatverdächtigen. Viele von ihnen sind nur schwer abschiebbar, weil ihre Heimatländer die Aufnahme verzögern. Syrer, Iraker und Afghanen hingegen fallen kaum auf.

Zu dieser Erkenntnis kommt auch Ulf Küch, Kripo-Chef aus Braunschweig. Im August 2015 gründete er die SOKO Asyl, um Straftaten von Flüchtlingen aufzudecken. Seine Zahlen zeigen einen ähnlichen Trend wie die Kriminalstatistik: Von den 40.000 Asylbewerbern, die im Jahr 2015 in der Landesaufnahmestelle in Braunschweig registriert wurden, seien rund 150 straffällig geworden. Ein Anteil von unter 0,4 Prozent. Der Anteil krimineller Deutscher innerhalb der deutschen Bevölkerung liegt ungefähr auf dem gleichen Niveau.

Unter den Flüchtlingen, so Küch, befinde sich eine kleine Gruppe von Menschen, „die vor allem oder ausschließlich mit dem Ziel nach Deutschland gekommen sind, hier Straftaten zu begehen". Besonders häufig stammen diese Intensivtäter aus dem Kosovo, aus dem Kaukasus, aus Georgien, aus Nord- und Zentralafrika. Sie begehen Einbrüche, Ladendiebstähle, Körperverletzungen, fallen auf durch Drogen- und Sexualdelikte. Gegen diese Intensivtäter müsse man gezielt ermitteln. „Das haben wir gemacht, das hat mit Ausländerfeindlichkeit und Rassismus nichts zu tun. Unser Credo ist: Das sind Kriminelle und die müssen auch

behandelt werden wie Kriminelle und zwar mit dem Strafgesetz-
buch und der Strafprozessordnung."

Nun gelte es, die Flüchtlinge gut zu integrieren, so Küch. „Wir
haben Anfang der 1990er-Jahre Sachen richtig falsch gemacht,
deshalb haben wir jetzt in vielen großen deutschen Städten diese
Familienclans, die sich völlig verselbständigt haben. Das passiert, wenn man nicht darauf achtet, dass ein Integrationspro-
zess beidseitig durchgeführt wird."

Fazit

Die Behauptung von Alice Weidel, Deutschland sei durch die
Flüchtlinge unsicherer geworden, lässt sich nicht belegen. Die
Kriminalität ist konstant geblieben. Schwere Straftaten werden
von Asylbewerbern kaum begangen. Versäumnisse gibt es bei
Intensivtätern, die seit Jahren im Land leben und nicht abge-
schoben werden (können), und bei durchreisenden, häufig aus
Südwesteuropa stammenden Banden.

11. Kapitel: Ausblick auf das Wahljahr 2017

Von Marcus Bensmann und Markus Grill

Das Jahr 2016 war das Jahr der Populisten: In Großbritannien votierte eine Mehrheit der Wähler für den Brexit, den Austritt aus der EU. In den Vereinigten Staaten von Amerika errang Donald Trump die Präsidentschaft und in Deutschland zog die AfD bei den Landtagswahlen von Erfolg zu Erfolg: Sachsen-Anhalt (24 Prozent), Baden-Württemberg (15 Prozent), Rheinland-Pfalz (13 Prozent), Mecklenburg-Vorpommern (21 Prozent) und Berlin (14 Prozent).

Geht das jetzt so weiter? 2017 stehen ebenfalls entscheidende Wahlen an, national und international. Im April wählen die Franzosen ihr neues Staatsoberhaupt und zumindest im ersten Wahlgang könnte Marine Le Pen, die Kandidatin des rechtsradikalen Front National, auf den ersten Platz kommen.

Ebenfalls im Mai finden in Deutschland Landtagswahlen in Nordrhein-Westfalen und Schleswig Holstein statt. Im September folgt die Bundestagswahl.

Anfang März 2017 (dem Redaktionsschluss dieses Buchs) scheint der Höhenflug der AfD zumindest gestoppt: Während die Partei bundesweit in Umfragen des Meinungsforschungsinstituts Forsa Ende Dezember 2016 noch auf 12 Prozent kam, erreichte sie Anfang Februar nur noch 10 Prozent und fiel Ende Februar bis auf 8 Prozent zurück. Während die AfD in dieser Zeit einbrach, legte die SPD um rund 10 Prozent zu, nachdem Martin Schulz als Kanzlerkandidat ausgerufen wurde.

Im Unterschied zu anderen rechtspopulistischen Parteien in Europa verfügt die AfD über keine klare Führungsfigur. In Frankreich ist Marine Le Pen das Gesicht der Rechten, in den Niederlanden Geert Wilders und in Österreich Heinz-Christian Strache. In Deutschland dagegen rangeln ein halbes Dutzend Häuptlinge um die Spitze. Frauke Petry ist den anderen an Autorität nur wenig überlegen.Große Teile der AfD-Führungsriege kritisieren sie immer wieder, allen voran von Alexander Gauland, Jörg Meuthen, Björn Höcke und André Poggenburg.

Die AfD im Vergleich zu bisherigen Rechtsparteien in Deutschland

Die „Alternative für Deutschland" ist nicht die erste Partei rechts von CDU/CSU, die in Deutschland Erfolge feiert. In die Landesparlamente schafften es seit den 60er Jahren immer wieder kleinere rechtsextreme oder rechtspopulistische Parteien wie die Nationaldemokratische Partei Deutschlands (NPD), die Republikaner, die Deutsche Volksunion (DVU) oder die Partei Rechtsstaatlicher Offensive, besser bekannt als Schill-Partei.

Keine dieser Parteien schaffte bisher aber den Sprung in den Bundestag. Dies könnte nun erstmals der AfD im Herbst 2017 gelingen. Auch wenn die AfD Anfang 2017 in den Umfragen von Forsa von 12 auf 8 Prozent abrutschte, liegt sie doch bundesweit stabil über der Marke von fünf Prozent, die Parteien in Deutschland erreichen müssen, um im Bundestag vertreten zu sein.

Am nächsten kam dem Einzug in den Bundestag noch die NPD, die im Jahr 1969 den Sprung mit 4,3 Prozent verfehlte.

Mehr als 1,4 Millionen Menschen wählten damals NPD. Die Partei hatte zuvor den Einzug in etliche Landtage geschafft: 1966 in Bayern mit 7,4 Prozent und in Hessen mit 7,9 Prozent, im Jahr darauf zog sie in die Landtage von Bremen, Niedersachsen, Rheinland-Pfalz und Schleswig-Holstein ein, ein Jahr später, 1968, erreichte sie mit 9,8 Prozent in Baden-Württemberg ihr bisher bestes Ergebnis, das auch seither bei keiner Landtagswahl mehr übertroffen wurde.

Trotz dieser Ausbreitung in Westdeutschland scheiterte die NPD bei der Bundestagswahl 1969 aber an der Fünf-Prozent-Hürde – und flog anschließend aus allen deutschen Landtagen auch wieder raus.

Erst mehr als 30 Jahre später gelang ihr in Sachsen im Jahr 2004 erneut der Einzug in ein Landesparlament, 2006 folgte Mecklenburg-Vorpommern mit 7,3 Prozent. Doch auch aus diesen beiden Parlamenten ist die NPD inzwischen wieder verschwunden. Ihr zuletzt bestes Ergebnis erzielte sie 2014 in Sachsen, wo sie den Wiedereinzug mit 4,9 Prozent nur knapp verfehlte. Derzeit leidet die NPD vor allem unter dem Erfolg der AfD, die für bisherige NPD-Wähler offenbar eine bessere Alternative ist.

Eine der schillerndsten Neugründungen am rechten Rand war die Partei Rechtsstaatlicher Offensive, besser bekannt als Schill-Partei.

Den Amtsrichter Ronald Schill in Hamburg feierte die „Bild"-Zeitung zunächst wegen dessen drakonischen Strafen für Bagatelldelikte als „Richter Gnadenlos". Dadurch erlangte Schill bundesweite Bekanntheit.

Er kritisierte den Rot-Grünen Senat der Hansestadt dafür, zu nachsichtig mit Kriminellen umzugehen. Mit einem knallharten Wahlkampf für Sicherheit und Ordnung bekam die Partei am 23. September 2001 bei der Hamburger Bürgerschaftswahl 19,4 Prozent der Stimmen – ein Erfolg, den sie nie wiederholen konnte.

Zusammen mit CDU und FDP ging Schill unter dem Bürgermeister Ole von Beust eine Koalition ein und wurde sogar Innensenator. Der Glanz hielt nicht allerdings lange. 2003 feuerte von Beust den Innensenator, weil Schill ihm gedroht habe. Schill behauptete, der Bürgermeister und sein Justizsenator „hatten und haben" ein homosexuelles Verhältnis.

Die eigene Partei erteilte Schill Redeverbot, die Pläne zur bundesweiten Ausdehnung scheiterten. Im Dezember 2003 endete die Koalition, und 2007 hörte die Partei auf zu existieren. Ronald Schill erreichte 2014 noch einmal kurzzeitig Bekanntheit als Teilnehmer bei „Big Brother - Das Experiment" auf Sat1 und im Jahr 2016 als Teilnehmer der RTL-Sendung „Adam sucht Eva".
Abgesehen von der Schill-Partei fällt auf, dass rechtsradikale und rechtspopulistische Parteien immer auch in Baden-Württemberg hohe Wahlergebnisse erzielen. So war das angebliche Musterländle in der Nachwendezeit die Hochburg der „Republikaner" in Deutschland.

Unter dem Journalisten und ehemaligen Waffen-SS Offizier Franz Schönhuber zogen die Republikaner 1992 in den Landtag von Stuttgart mit 10,9 Prozent der Stimmen ein, drei Jahre zuvor feierten sie schon Erfolge bei der Landtagswahl in Berlin und bei der Europawahl, wo sie bundesweit mehr als zwei Millionen

Stimmen bekamen und von 1989 bis 1994 mit sechs Abgeordneten in Brüssel vertreten waren.

Die Republikaner profitierten, ähnlich wie heute die AfD, von der Asyldebatte. Zwischen 1987 bis 1992 stieg die Zahl der Asylanträge in der Bundesrepublik von 57.000 auf mehr als 439.000 pro Jahr.

Die „Bild"-Zeitung und andere Blätter des Springer-Konzerns warnten damals vor der „Asylantenflut". Die Republikaner plakatierten Parolen wie das „Boot ist voll", Bundeskanzler Helmut Kohl sprach von einem „Staatsnotstand".

Die Stimmung war so aufgeheizt, dass 1993 die SPD schließlich den Widerstand aufgab und einer Verfassungsänderung des Asylgesetzes zustimmte. Das im Grundgesetz verankerte Asylrecht blieb zwar bestehen, wurde aber durch die Drittstaatenregelung eingeschränkt. Ein Flüchtling, der von einem sogenannten sicheren Drittstaat nach Deutschland einreist, konnte in Deutschland kein Asyl mehr beantragen. Deutschland nutze damit seine geografische Lage aus, weil es ausschließlich von sicheren Drittstaaten umgeben war. Die Folge war, dass es keinen legalen Zugang mehr gab. Nach der Asylgesetzänderung sank die Zahl der Flüchtlinge drastisch und die Republikaner wurden unwichtig. Nur noch in Baden-Württemberg schafften sie 1996 mit 9,1 Prozent erneut den Sprung ins Parlament und flogen erst nach der Landtagswahl 2001 mit 4,4 Prozent wieder raus. In den letzten zehn Jahren kamen die Republikaner in keinem Bundesland mehr über 1,4 Prozent.

Neben NPD, Schill-Partei und Republikanern gab es nur noch eine weitere rechtspopulistische Partei, die in der Vergangenheit erfolgreich war: Die „Deutsche Volksunion" (DVU) des schwer-reichen Verlegers Gerhard Frey, der mit fremdenfeindlichen Parolen auf Stimmenfang ging.

Seit Anfang der neunziger Jahre gelang der DVU immer wie-der der Sprung in Landtage, so zum Beispiel 1991 in Bremen (6,2 Prozent), 1992 in Schleswig-Holstein (6,3 Prozent), 1998 in Sachsen-Anhalt (12,9 Prozent) und 1999 in Brandenburg mit 5,3 Prozent. In Brandenburg hielt sich die Partei auch am längsten und erreichte 2004 noch einmal 6,1 Prozent. Seither schaffte sie aber nirgends mehr den Sprung über die Fünf-Prozent-Hürde und vereinigte sich 2011 mit der NPD.

Manfred Güllner, Chef des Meinungsforschungsinstituts Forsa, hat darauf hingewiesen, dass AfD-Wähler schon in der Früh-phase der Partei jenen ähnelten, die für rechtsradikale Parteien stimmen: „Sie waren überwiegend Männer aus einem bestimm-ten, radikalisierten Segment der Mittelschicht ohne Bindung an Großorganisationen wie Kirchen oder Gewerkschaften und mit extrem pessimistischen Wirtschaftserwartungen, obwohl die eigene ökonomische Lage überdurchschnittlich gut war und ist." Bisher konnte man sich bei den Parteien am äußersten rechten Rand stets darauf verlassen, dass sie über kurz oder lang wieder in die Bedeutungslosigkeit fielen. Sei es, weil sie innerparteilich heillos zerstritten waren, sei es, dass der Anlass, sie zu wählen wegfiel oder sie in der täglichen Parlamentsarbeit ein derart jämmerliches Bild abgaben, dass viele Anhänger sich wieder abwandten.

Wird auch die AfD in Kürze wieder in der Bedeutungslosigkeit verschwinden? Mehrere Gründe sprechen dagegen: Erstens hat die AfD, als ehemals biedere Professorenpartei, nicht das Igitt-

Image von NPD, Republikanern oder DVU. Die AfD übt auch auf gemäßigt Konservative eine viel größere Anziehungskraft aus als die bisherigen Rechtsparteien.

Zweitens gibt es in der AfD Leute mit politischer Erfahrung, also Leute vom Schlag eines Alexander Gaulands, die bereits früher politisch aktiv waren und wissen, wie man Mehrheiten organisiert. Schließlich hat die AfD inzwischen auch eine Ausbreitung in so vielen Landesparlamenten erreicht wie vor ihr keine andere Rechtspartei. Dadurch und dank ihrer Mitgliedsbeiträge ist sie stabiler finanziert und verfügt über mehr organisatorisches Rückgrat als frühere Rechtsparteien.

Wir sollten also nicht erwarten, dass der AfD-Spuk einfach wieder verschwindet. Wer sich in diesem Land wohl fühlt, wer an den demokratischen Institutionen hängt, wer die liberale Verfassung achtet, wer den weitgehend erfolgreichen Sozialstaat und das Modell der freien Marktwirtschaft schätzt, das Deutschland, als Teil der EU und abgesichert in der NATO, seit mehr als 60 Jahren Frieden und Wohlstand beschert hat – der sollte sich klar machen, dass all dies keine Selbstverständlichkeiten sind. Und er sollte sich dafür einsetzen, dass dieses Land nicht der AfD in die Hände fällt. Denn so harmlos, wie sie tut, ist diese Partei nicht. Sie schürt Hass, verachtet den parlamentarischen Betrieb und die gewählten Politiker, hält wenig von Presse- und Meinungsfreiheit und will dieses Land abschotten gegen Einflüsse von außen.

Mehrere Länder in Europa, aber auch weltweit, gehen im Jahr 2017 bereits diesen Weg und folgen unterschiedlichen Rechtspopulisten.
Die Alternativen für Deutschland liegen klar auf der Hand.

Die Autorinnen und Autoren

Marcus Bensmann, geboren 1969, berichtete 20 Jahre lang für deutsche, japanische und Schweizer Medien aus Zentralasien. Für seine Recherche über den Abschuss von Flug MH17 wurde er mehrfach ausgezeichnet.

Justus von Daniels ist promovierter Jurist. Von 2012 bis 2014 arbeitete er als freier Korrespondent für die „Zeit"und den „Tagesspiegel". Schwerpunkte: Rechts- und Wirtschaftspolitik, Familienpolitik, Osteuropa.

Markus Grill, 49, war Enthüllungsjournalist bei „stern" und „Spiegel". Von 2012 bis 2014 ging er als Korrespondent für den „Spiegel" nach Washington D.C. Sein Spezialgebiet: Korruption im Gesundheitswesen. Diverse Auszeichnungen.

Ariel Hauptmeier, Jahrgang 1969, hat als „Geo"-Reporter viele ferne Länder besucht. Er gehört zu den Gründern des Reporter-Forums und bringt Kollegen leidenschaftlich gern bei, wie sie interessanter schreiben.

Camilla Kohrs, 25, hat Geographie in Bonn, Paris und Berlin studiert. Sie ist freie Mitarbeiterin der Deutschen Presse-Agentur und hat bei „Zeit Online", der „Berliner Zeitung" und dem Journalistenbüro „wortwert" hospitiert.

Marta Orosz war Moderatorin bei dem Sender Civil Rádió in Budapest, berichtet als Korrespondentin für ungarische Medien und recherchiert bei CORRECTIV zu TTIP und CETA, zu Pegida und Korruption in der Pharmaindustrie.

Tania Röttger hat Sozial- und Kulturwissenschaften in London studiert und dort in einem Recherchebüro gearbeitet. Bei COR-RECTIV ist sie unter anderem auf Auskunftsrechte spezialisiert und gibt bundesweit IFG-Schulungen.

Nándor Hulverscheidt besucht die Kölner Journalistenschule für Politik und Wirtschaft und studiert Sozialwissenschaften an der Universität Köln. Er hat hospitiert beim „Tagesspiegel" und bei der „Freien Presse" in Chemnitz.

Meret Michel ist freie Journalistin und besucht derzeit die Reportageschule in Reutlingen. Davor hat sie für die „Wochen-zeitung" in Zürich gearbeitet. Sie spricht fließend Arabisch und will bald über den Nahen Osten berichten.

Was ist CORRECTIV?

Nette Geschichten schreiben können andere. Wir wollen aufklären. CORRECTIV ist das erste Recherchezentrum in Deutschland, das unabhängig, werbefrei und nicht gewinnorientiert ist.

Wir glauben: Journalismus besteht im Kern darin, Missstände aufzudecken. Deshalb recherchieren wir zur AfD und den Neuen Rechten ebenso wie zu Korruption im Gesundheitswesen, zu Machtmissbrauch von Politikern, zur wachsenden sozialen Ungleichheit und zu einer Oberschicht, die glaubt, Regeln würden nur für andere gelten.

Gegründet wurde CORRECTIV im Jahr 2014 von einer Gruppe um David Schraven, der heute Herausgeber ist.

Die Redaktion mit Sitz in Essen und Berlin finanziert sich durch monatliche Beiträge von mehr als 2.400 Leserinnen und Lesern. Dazu kommen Spenden von Stiftungen wie der Brost-Stiftung, der Augstein-Stiftung, der Schöpflin-Stiftung und anderen.

In den Redaktionen in Essen und Berlin arbeiten mittlerweile 20 Journalistinnen und Journalisten für CORRECTIV. Chefredakteur ist Markus Grill.

Dazu kommt seit Anfang 2017 die türkische Exilredaktion ÖZGÜRÜZ unter der Leitung von Can Dündar.

CORRECTIV ist eine Antwort auf die gegenwärtige Medienkrise, in der sich immer weniger Zeitungen und Zeitschriften aufwändige Hintergrundrecherchen leisten können.

CORRECTIV macht solche Recherchen, veröffentlicht sie auf correctiv.org und stellt sie anderen Medien kostenlos zur Verfügung.

Damit wir arbeiten können, brauchen wir Menschen, die uns unterstützen. Werde auch Du Fördermitglied und ermögliche damit die Recherchen von CORRECTIV.

correctiv.org/unterstuetzen

Wir sind überzeugt: Ohne unabhängige und kritische Medien kann die Demokratie, die unsere Vorfahren erkämpft haben, auf Dauer nicht überleben.
Weitere Informationen findest Du im Internet unter **correctiv.org**.

Impressum

1. Auflage März 2017
ISBN: 978-3-9817400-3-5
Publisher: David Schraven
Chefredakteur: Markus Grill
Textchef: Ariel Hauptmeier
Autoren: Marcus Bensmann, Justus von Daniels, Markus Grill,
Ariel Hauptmeier, Camilla Kohrs, Marta Orosz, Tania Röttger

Das Kapitel 10 – Faktencheck – ist eine Kooperation von
CORRECTIV mit dem Institut für Journalistik der TU Dort-
mund. Die Autoren Björn Bernitt, Linda Fischer, Anastasiya
Polubotko und Daniela Weber sind Studierende bei Professor
Holger Wormer, Assistenz: Maximilian Doeckel
Dokumentation: Nándor Hulverscheidt, Meret Michel
Art Direction: Thorsten Franke / C4C creative GmbH
Realisation: Thorsten Franke / C4C creative GmbH
Cover-Illustration: zentrale, Berlin

www.correctiv.org

Kontakt: info@correctiv.org
Büro Essen: Huyssenallee 11, 45128 Essen
Büro Berlin: Singerstraße 109, 10179 Berlin